商鞅

大秦首屈一指的变法家

刘叶青 著

辽宁人民出版社

© 刘叶青　2026

图书在版编目（CIP）数据

商鞅：大秦首屈一指的变法家 / 刘叶青著.
沈阳：辽宁人民出版社，2026.1.-- ISBN 978-7-205-11584-5

Ⅰ.B226.25-49

中国国家版本馆 CIP 数据核字第 2025N163P9 号

出版发行：	辽宁人民出版社
地　址：	沈阳市和平区十一纬路 25 号　邮编：110003
电　话：	024-23284191（发行部）　024-23284304（办公室）
	http://www.lnpph.com.cn
印　刷：	固安县云鼎印刷有限公司
幅面尺寸：	145mm×210mm
印　张：	7
字　数：	117 千字
出版时间：	2026 年 1 月第 1 版
印刷时间：	2026 年 1 月第 1 次印刷
责任编辑：	赵维宁
助理编辑：	金美琦
封面设计：	乐　翁
版式设计：	一诺设计
责任校对：	耿　珺
书　号：	ISBN 978-7-205-11584-5
定　价：	39.80 元

序　言

　　商鞅，又称卫鞅，是中国战国时期秦国的著名政治家、改革家。他出生于卫国，后在秦国推行变法，对秦国及至整个中国历史都产生了深远的影响。

　　商鞅变法作为战国时期最彻底的一次变革，是被历代改革家们屡屡援引的变法成功的典范。商鞅变法从秦孝公六年（前356）开始，至秦孝公二十四年（前338）商鞅去世结束，前后共持续进行了十八年，其间有两次高潮。这十八年，使偏居中国版图西北一角、一度被"以夷狄视之"的秦国逐渐在诸雄争霸中处于优势地位，一跃跻身于富强国家之列。一百多年后秦始皇统一中国也与商鞅变法奠定的坚实基础有着一定的联系，甚至连后世都遵循秦国的法制。

　　商鞅变法的核心内容包括推行法治、实行郡县制、废除井田制、奖励耕战等。他强调法律的普遍适用性和严格执行，通过一系列改革措施，极大地增强了秦国的国力，为秦国后来统一六国奠定了基础。商鞅的变法虽然在短期内遭到了贵族阶层的强烈反对，但最终确立了秦国的中央集权制度，促进了社会经济的发展。

商鞅本人在变法过程中因得罪贵族而被处死，但他的改革思想和实践对后世产生了深远的影响。秦代李斯称赞商鞅"孝公用商鞅之法，移风易俗，民以殷盛，国以富强，百姓乐用，诸侯亲服，获楚、魏之师，举地千里，至今治强"。西汉桑弘羊赞商鞅"功如丘山，名传后世"。西汉桓宽在《盐铁论》中说商鞅"革法明教，而秦人大治"。宋代王安石赋诗："自古驱民在信诚，一言为重百金轻。今人未可非商鞅，商鞅能令政必行。"同时，西汉司马迁认为商鞅严刑峻法，是"天资刻薄"之人。唐代杜甫提及"秦时任商鞅，法令如牛毛"。宋代苏轼也指责商鞅的刑罚过于残酷。可见，商鞅的功罪自有后人评说。

商鞅的思想和贡献不仅限于政治和经济领域，他还对军事和文化方面产生了重要影响。在军事方面，他推行奖励军功的政策，打破了世卿世禄制，使得士兵们更加勇猛善战，提高了秦国的军事实力。同时，他还注重军事训练和武器制造，为秦国的军

序 言

队配备先进的武器和装备,使得秦军在战场上无往不胜。在文化方面,商鞅虽然主张"焚书坑儒",但这主要是出于巩固统治和推行改革的需要。他实际上也认识到教育对于国家的重要性,因此在变法过程中也注重培养新的人才,鼓励学习和创新。商鞅的思想和行动,为后来的秦朝统一六国以及中国封建社会的形成奠定了基础。

总的来说,商鞅是中国历史上一位杰出的政治家和改革家。商鞅的变法促进了社会阶层的流动和民众的自我提升。他打破了世袭的贵族制度,使得有能力的人有机会通过努力和军功获得更高的地位和财富。这种变革不仅提高了人们的积极性和创造力,也促进了社会的公平和正义。他的变法思想和实践不仅改变了秦国的命运,也对中国历史产生了深远的影响。然而,商鞅的变法也并非没有缺点和争议。他的一些政策在推行过程中过于严厉和苛刻,导致了一些民众的不满和反抗。此外,他对于传统文化的破坏和打压也引起了后世的一些争议和批评。但无论如何,商鞅变法都是中国历史上一次重要的政治改革和社会变革,它对于中国的历史进程和文化传承都产生了深远的影响。商鞅的变革精神也影响了后世的许多政治家和改革家。他们纷纷效仿商鞅,通过变法来推动社会的进步和发展。尽管商鞅本人在变法过程中遭遇

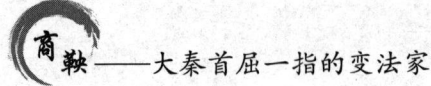

了种种困难和挫折,但他始终坚持自己的信念和理想,最终为秦国乃至整个中国带来了深远的影响。

刘叶青

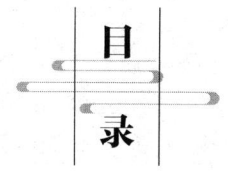

目录

序　言 / 001

第一章　择主而事 / 001

一、少年壮志 / 002

二、魏相赏识 / 004

三、惠王不纳 / 011

四、决意赴秦 / 013

第二章　初入秦国 / 021

一、景监引荐 / 022

二、三进秦宫 / 023

三、舌战群臣 / 028

四、决计变法 / 034

第三章　举步维艰 / 037

一、徒木为信 / 038

二、示威游行 / 040

三、太子犯法 / 041

第四章　首次变法 / 043

一、推行新法 / 044

二、奖励耕战 / 053

三、重定贵贱 / 060

四、民为什伍 / 065

第五章　风云际会 / 069

一、与魏会盟 / 070

二、乘人之危 / 072

三、收回河西 / 078

四、再次结盟 / 080

目 录

第六章 二次变法 / 083

一、迁都咸阳 / 084

二、移风易俗 / 087

三、废井田开阡陌 / 092

四、訾粟而税 / 094

五、统一度量衡 / 096

第七章 矢志不渝 / 099

一、马陵之战 / 100

二、再次出击 / 101

三、诈取公子卬 / 102

第八章 法铸强国 / 107

一、缘法而治 / 108

二、有法必依 / 109

三、以刑去刑 / 112

四、前瞻思维 / 115

第九章　变法风格 / 119

一、令出必行 / 120

二、追求高效 / 121

三、吏治清廉 / 123

四、重"要"重"壹" / 127

第十章　变法成效 / 131

一、秦国富强　132

二、舆论之变　136

三、率先各国　140

四、开秦帝业　143

第十一章　英勇善战 / 147

一、几度出征 / 148

二、用兵之道 / 151

三、治军之术 / 153

四、战在"政胜" / 156

目 录

第十二章 悲惨结局 / 159

一、一生巅峰 / 160

二、靠山倾倒 / 163

三、新君不容 / 165

四、作法自毙 / 167

五、车裂之刑 / 171

第十三章 后世影响 / 175

一、商君有书 / 176

二、刻薄少恩 / 183

三、功利色彩 / 185

四、重实轻文 / 187

第十四章 任人评说 / 191

一、颇有争议 / 192

二、丰富思想 / 196

三、智者霸道 / 201

四、改革兴邦 / 202

附　录 / 206

主要官名注释 / 208

后　记 / 211

第一章
择主而事

一、少年壮志

在遥远的战国时代，烽火连天，英雄辈出。秦惠公十年（前390）左右，商鞅出生于卫国，其祖姬姓，卫国国君后裔，故亦名卫鞅。因其祖辈是卫国的国君，按照"诸侯之子曰公子，公子之孙曰公孙"的周朝礼制，他又名"公孙鞅"。秦孝公后来将商於之地（今河南淅川西南）赐给他作封地，赐号商君，所以后人称他为"商鞅"。本书为了方便叙述，下文统称商鞅。

翻开战国时期的历史地图，卫国虽然还存在，但它已经很小。想当年，卫国也曾经辉煌过。西周伊始，周公平定了东方的叛乱，就把周武王的弟弟康叔封在殷人的故地，建都于朝歌（今河南淇县），于是就开始有了卫国。卫国直接管辖殷商旧都，统领"殷民七族"，从而成为西周时的泱泱大国。到了春秋时期，卫国衰落了。其衰落最主要的原因，还是统治者的昏庸无能。特别是卫懿公（前668—前660年在位），以"好鹤"的故事而贻笑后人。卫戴公元年（前660），当戎狄入侵的时候，卫国上下

第一章　择主而事

离心，无人为战，国被攻破，卫懿公也被杀死。后来，在齐桓公的帮助下，卫迁徙而得延续，但从此一蹶不振。魏安釐王二十三年（前254），此时已到了战国后期，魏灭卫之战，魏军大胜，占领卫地。但在秦王政六年（前241），秦拔卫，卫国君主率其支属徙居野王（今河南沁阳市）。卫曾两度绝而继起，都城也曾三迁，从西周初年首屈一指的天下大邦，萎缩到秦国的小小附庸，往事不堪回首。然而，在西周初年受封的难以计数的大大小小的诸侯国中，像它这样亡而不绝，国祚一直延续到秦代、绵延达八百年之久的，却又是绝无仅有的。

商鞅是卫国的"诸庶孽公子"，他在卫国不是正宗嫡传，仅仅是卫国国君的旁系后裔。古时候，姓公孙的人很多。这个姓的起源，与一小部分人的出身有关。周代实行分封制度，各级贵族很多，其中疏远一些的都被称为"公孙"，久而久之，也就演变成为一个通用的姓氏。姓公孙，跟国君又有点儿沾亲带故，这么说来，早年那个商鞅，不是有点异乎于众庶吗？特殊的姓氏，能据此认为他是国君的后代。但是，在战国时期，这样的人太多了。所以，商鞅并没有什么特权与优势。因此，他只能靠自己的努力去开辟自己的发展道路。

商鞅"少好刑名之学"。什么是"刑名之学"？这是关于授官用人、量刑行法的学说，是关于统治术的学问，是国君所必须掌握的，当然也是辅助国君的谋臣所必须懂得的。由此可见，商鞅是早有大志者，他对"刑名之学"感兴趣，表明他早就有志于进入统治阶级的上层，到权力中心去施展他的才能。

商鞅早年曾跟随尸佼学习，他可以称得上是尸佼的学生。尸佼又是何许人呢？据说尸佼是战国时期三晋（魏、赵、韩）人，但也有说他是鲁人的。他有著作名《尸子》，但今已不存，难知其全貌，幸有辑本，尚可知其大概。班固的《汉书·艺文志》将这部书列为"杂家类"，是否确切，已难定论。有一种说法是，尸佼后来也到了秦国，并积极参与了商鞅主持的变法，是一位十分重要的幕后人物。商鞅被杀后，他逃亡入蜀，不知所终。这倒不是不可能的事。商鞅是尸佼的学生，但从后来商鞅所取得的成就来看，他除了向尸佼学习外，必定是兼收并蓄，转益多师，因而能够有渊博的知识、创造性的思想和开拓性的作为，继而创造出深刻影响当代和后世的业绩。否则，如果商鞅只是向尸佼学习，恐难取得这样的成就。

二、魏相赏识

商鞅出身于卫国这样一个在动荡中苟延残喘、不幸沦为大国

第一章　择主而事

附庸的国家，国君、大臣和百姓都善于忍辱负重、苦中作乐，他那一套变法图强的学说能够引起君臣百姓的共鸣吗？自然不能。如果商鞅坚持向卫君游说他的变法之道，那无疑是不识时务之举。所以，商鞅痛下决心，断然离开了黄河岸边、沃野千里的卫国都城帝丘（今河南濮阳县东南），只身前往陌生的诸侯列国，去追寻自己的发展道路。

和由盛而衰的卫国正好相反，春秋末年的魏国正处于蓬勃发展的阶段。诚然，西周时也曾有一个魏国，那是周初分封的，位于今山西芮城一带，早在晋献公十六年（前661）就被晋献公给灭掉了。从那以后，很长一段时期，诸侯国中并无魏国。直到战国初年的晋出公二十二年（前453），原来都是晋国大夫的魏、赵、韩三家瓜分了晋国。周威烈王二十三年（前403），周天子正式承认三家为诸侯，这样，才出现了战国七雄中的"中原三虎"，魏国也正式出现在战国的历史舞台上。魏国和赵国、韩国原来都是晋国的组成部分，因此，它们合称为"三晋"。这三国的奠基者，原来都是晋国的大夫。魏国的先祖是毕万，其后人魏斯和赵、韩二家一起完成了对晋国的瓜分，建立魏国，他就是魏文侯。

战国时期的魏国，疆域曾有过无数次变动，随着国势的强弱，或扩张，或收缩，但它始终是一个大国。大致说来，它的基本范围在今山西中部、南部和河南北部，另有河北、陕西的一部分。在战国七雄中，它是地当四方之中、居于要冲的一个中原大国。魏国建国之初，建都于安邑（今山西夏县西北）。当时，魏国占有原属晋国的适宜发展农业的地区，有着立国的有利条件。魏文侯（前445—前396年在位）是一位英明的君主，他重用李悝，在魏国实行变法。这是战国时期最早实行的一次大规模的改革，取得了显著的成效。魏文侯又让军事家吴起进行军事方面的改革，也取得了成功。这样一来，魏国国富兵强，不仅在中原地区牢牢站稳了脚跟，而且具备了向外扩张和与列强争霸的实力。魏国勃兴，向西攻取了原属秦国的西河之地，向北攻灭了中山国（今河北正定东北），南进击败楚国。它国势强盛，向四境拓展，一时成为七雄中的首强，实际上是战国时期最早称霸天下的大国。

魏国继魏文侯之后的君主是魏武侯（前395—前370年在位），他继续保持了强势的风格。此后又是魏惠王（前369—前319年在位），有的史书或典籍也称梁惠王，这是因为他把魏国的都城迁到了大梁（今河南开封）。在魏惠王统治时期，魏国仍保持着军事上的实力和优势，经常打败六国的军队。不过，此时的

第一章 择主而事

魏国，强则强矣，但已越过了顶峰，出现了由盛转衰的迹象。特别是魏惠王二十九年（前341）的马陵（今山东莘县西南；一说在今河南范县西南；一说在今河北大名东南；一说在今山东郯城南）一战，齐军大败魏军，魏国的实力大损，从此，它列国首强的地位一去不复返。

在魏惠王在位的最初几年，商鞅来到了魏国。据《史记·商君列传》记载，商鞅没有留在卫国图发展，而是去了刚刚立国不久的魏国。年轻的商鞅没有选择到魏国的宫廷或官府任职，而是投靠在魏国宰相公叔痤（亦作公叔座）的门下，"事魏相公叔座为中庶子"。这种职务，当时通称为家臣。在战国时期的达官贵人家中，都有这类家臣，其地位稍高于"客"。那时贵族显宦的妾室之子，均称"庶子"。中庶子的职责，主要就是掌管这些公子哥儿的教育。当然，这是一般而言，实际上，中庶子即是家臣，具体职责会因受主人信任的程度不同而异。

关于公叔痤这个人的情况史载甚少。他在魏惠王时任相，还曾担任过将领，是一位集将、相之才于一身的人物。《战国策》记载了这么一件事：公叔痤率军与韩、赵两国军队作战，得胜归来，魏王亲去迎接，赏给他田百万，他赶忙谢绝，认为此战之所以取胜，是由于曾在魏国任过大将而又搞过军事改革的吴起的余教和手下参谋人员的功劳，他是不应受此重赏的。经他这么一说，魏王找到吴起的后人，赏赐田地二十万，并对此战中的有功人员也都给予重赏。对于公叔痤居功不骄、推功却赏的做法，魏王十分欣赏，称赞他是"长者"。"长者"，在这里意为品德、风格高尚之人。

公叔痤十分器重商鞅，深知这个年轻人的前途不可限量。他有心向魏王举荐商鞅，让他担负起重振魏国的重任。他凭着自己的经验，对这个从卫国来的小伙子寄予厚望。然而，不幸的是，正在这时，他突然病了，病得很重，一病不起。

魏惠王亲自去看望公叔痤。见他病势沉重，魏惠王心中清楚，自己这位老臣康复的希望已很渺茫，如果他去世，必将给魏国造成巨大的损失，此时，唯有让他留下安邦定国的妙策，才能多少有所弥补。公叔痤似乎也预见到魏惠王会和他谈及后事。因此，他也早有深思熟虑。他意识到，这可能是他向魏惠王举荐商鞅最后的机会了。他心中也很清楚，他的建议是否会被魏惠王采纳以及魏惠王是否会重用商鞅，这不仅会决定商鞅个人的命运，也必将在很大程度上决定魏国今后的命运。

重病在身的公叔痤深深吸了一口气，对魏惠王说："我手下的中庶子公孙鞅，年纪虽轻，却是个难得的人才，愿大王重用此

第一章 择主而事

人,在决定国家的方针大计时,听他的意见,尽量照他说的办。"魏惠王听得很认真,似乎将每一个字都听进去了,还不时地点着头,似乎把他的每一句话都记住了。但他并没有表示可否,而是把话题转到别的事情上去了。

公叔痤很虚弱,魏惠王和他谈了一会儿,就起身准备离开。但公叔痤的眼神中传达出魏惠王能够理会的意思,他还有话说,而且是极其重要的、非说不可的话。公叔痤示意让在场的其他人都退下。室内只剩下他和魏惠王两人了,魏惠王显得十分激动,热切地望着自己的这位老臣。

公叔痤侧了一下身子,脸上的表情很严肃,眼中好像冒出了一星火花。出乎魏惠王意料的是,身体虚弱的公叔痤,竟然说出了一句充满杀机的话:"大王如果决心不用公孙鞅,那就一定要把他杀掉,千万别让他跑出国去!"魏惠王吃惊之余,下意识地点了点头,表示应允。随后,就离开了相府。

魏惠王走后,公叔痤把商鞅叫来,对他说:"今天大王来看我,问起以后谁能担当国相之任。我推荐了你。但我看得出来,大王不以为然。随后,我又对大王说,如果不用你,那就把你杀掉。大王应允了。如此看来,你的性命恐难保全,你还是赶快逃走吧,倘若继续留在魏国,必有杀身之祸,太危险了。"出乎公叔痤的意料，商鞅闻听，一点也不惊慌，从容地说："用不着怕。既然大王不能听您的话用我，又为什么要听您的话杀我呢？"因此商鞅并没有立即离开魏国。果然，虽然魏惠王并没有重用他的迹象，但他平平安安，一点险象也没有发生。此后不久，公叔痤就离世了。

公叔痤的做法，实在显得怪异。既对魏惠王说，不用商鞅就杀了他，又把此话透露给商鞅，让他逃走，到底打的什么主意？难道他是因为在重病之中，头脑发昏、神志不清了吗？当然不是。

对此，公叔痤自己是有解释的。他对商鞅说，自己是"先君后臣"，换句话说，就是国事在先，然后才顾及私人交情。为了国家利益，他建议魏惠王重用商鞅，否则就杀了他；顾及私人交情，他得把这话告诉商鞅，以免商鞅死在自己的这个建议上。这是公叔痤在两难之间所取的两全之策。他认为，从国家利益出发，自己应当向魏惠王提出对商鞅不用即除的建议，因为他非常清楚，像商鞅这样一个极具潜力的人物，如果让他跑到别的国家去，必定会给魏国造成极大的威胁。他若不向魏惠王提出这个建议，便是对国家不负责任。但他毕竟和商鞅有私交，而且，他爱才而又惜才，他不能不给商鞅一个口风，给他留一条生路。

第一章 择主而事

当然,还有一种可能,那就是公叔痤虽然老病,但他早有和商鞅相仿的预见。他对魏惠王十分了解,知道他既不会重用商鞅,也不会杀他。他只不过是在弥留之际,做自己认为应当做的事情而已。

三、惠王不纳

正像商鞅所预料的那样,魏惠王既没有重用他,也没有杀他。魏惠王的看法是:公叔痤病势沉重,已经有点糊涂了,竟然让我在治国大事上听那个公孙鞅的!这也难怪,魏惠王对商鞅一点了解也没有,商鞅在魏国又没有什么名气。要让魏惠王一下子就理解、接受公叔痤的郑重举荐,接受商鞅这个"小人物",的确是难。要是公叔痤早点向魏惠王举荐商鞅就好了。他既然知道商鞅是个难得的人才,既然预计他有能力把魏国治理好,就应该及早向魏惠王引荐,而不是到了病重之时才抓住那唯一的机会,来做这件早就应该做的事,实在太仓促、太冒险了。

魏惠王就此犯下了大错,他没有照公叔痤的嘱咐去做。不重用商鞅是错,又让他跑到别国去,日后成为对魏国构成严重威胁的人物,更是错上加错。起初,魏惠王听了公叔痤的话后,觉得不理解,认为公叔痤"谓寡人必以国事听鞅,不亦悖乎"。"悖",

是荒谬而不合情理。公叔痤真的"悖"吗？对此，古人有一个很中肯的评语：不是公叔痤"悖"，而是认为他"悖"的魏惠王自己"悖"。"悖者之患，固以不悖者为悖"，这话真是一针见血。魏惠王在位长达五十年，公叔痤死时，他还年轻。这位大王，总的说来，还是颇有作为的，算不上一个昏君。但他把商鞅这样一位治国能臣从眼皮底下放走，不能不说是他一生中犯的最大的失误。

魏惠王错在哪里呢？他错在没有认真听取公叔痤的意见，没有把他的意图搞清楚。到底商鞅是何人？为什么公叔痤病重之际要如此郑重地推荐他？这些都是应当问清楚的，可是魏惠王没有问。他错认为公叔痤已经病重而神志不清了，认为公叔痤"悖"，因此在不经意中犯了大错。

魏惠王的祖父魏文侯，对待人才的气魄就比他大得多。他先任用魏成子（文侯弟，名成）、李悝、翟璜为相，还有乐羊、吴起、西门豹等贤能之臣多人。他信任李悝、吴起，让他们实行改革。他还以卜商（字子夏）为师，礼敬田子方（子贡弟子）、段干木等贤者。《诗经》中有一名句："济济多士，文王以宁"，是说对于国君来说，真正的人才多多益善。

不过，魏惠王后来也招了一些贤才，战国时期著名的人物孟

第一章 择主而事

轲、驺衍都到了大梁。驺衍到达大梁时，魏惠王还亲自出城迎接，执宾主之礼。但是他早年没有重用商鞅，这个过错是无法弥补的。由此产生的苦果，他虽然没有马上尝到，但是到了商鞅为之效力的秦国日益强大起来时，他就不得不一次又一次地品尝自己亲自种下的苦果了。只是到了这时，他想后悔也已来不及了。

古语说得好："夫王者得贤才以自辅，然后治也。"明智的君王，都是求才心切，尽心招揽贤才，唯恐有遗有失。魏惠王却把在自己眼前的一位不久就被事实证明是当代卓越的人才给放弃了。尽管魏惠王仍不失为战国前期的一位雄杰，但他这一失误所造成的后果是无法估量的。

四、决意赴秦

公叔痤死了，商鞅失去了在魏国的靠山。由于魏惠王不用商鞅，他只得闲居下来，几乎是无所事事。怀有满腹韬略，却只能这样虚度年华，岂不是太可惜了吗？

春秋战国时期，"士"这个阶层很活跃。他们的愿望就是有人赏识，得人重用，让自己有施展才华的机会。当然，对于一个士来说，并非总是那么幸运，君主自有他们的选择标准，有的士能得到君主的器重，有的则并不一定能遇到赏识自己的君主。而且，从另一方面来说，士人也有自己选择的权利和自由，他们也是看对象来决定是否效力的。

在魏国不得志的商鞅，自然想到了出走。"合则留，不合则去。"走，是肯定的了，但到哪儿去呢？

当时，天下有七大强国。中部，是从原先的晋国分出来的"三晋"——魏、赵、韩三国，这三国有着共同的渊源，联系比较密切，但也并非一条心。韩国弱小，难有作为。赵国较强，早在赵烈侯六年（前403），赵烈侯就用公仲连进行了改革，由于改革缺乏力度，虽然在一定程度上壮大了赵国的实力，但是并没有使赵国的地位显著提升。

北方的燕国是西周初年召公的封地，虽然国祚久长，但一直少见振作。南方有楚，是一个疆域辽阔的大国。就在战国初年，吴起在魏国遭受排挤后，跑到楚国，得到楚悼王（前401—前381年在位）的信任，也搞了一场颇具声势的改革。他大刀阔斧，"损其有余而继其不足"，敢于触动旧贵族的利益，大力整顿吏治，措施可称严猛。吴起的改革，使楚国有了振兴的希望。可惜，改革持续的时间太短，随着楚悼王之死，旧贵族发动政变，杀害了吴起，改革也随之中断。从此，楚国在政治上便没有什么新气象，保守势力较强。这就是后来韩非所说的"楚不用吴起而

第一章　择主而事

削乱"。事实上，楚对吴起并非"不用"，而是"用"得很不够，没有"用"彻底，楚国的改革刚开了个头，就夭折了。

再往西看，那里有一个大国——秦国。秦国疆域甚大，有地利优势，然而，在当时关东人的心目中，秦国的前途，还很不明朗。

当时的魏国，大致居天下之中，商鞅站在这块土地上，就好像站在十字路口，一时拿不定主意，究竟该到哪里去？

正在这时，从西方传来消息说，秦国的新君秦孝公（前361—前338年在位）发布了求贤的文告。秦孝公继位时年仅20岁，他即位之初，下令广纳贤才，秦孝公的求贤文告说：

> 昔我缪公自岐、雍之间，修德行武，东平晋乱，以河为界，西霸戎翟，广地千里，天子致伯，诸侯毕贺，为后世开业，甚光美。会往者厉、躁、简公、出子之不宁，国家内忧，未遑外事，三晋攻夺我先君河西地，诸侯卑秦，丑莫大焉。献公即位，镇抚边境，徙治栎阳，且欲东伐，复缪公之故地，修缪公之政令。寡人思念先君之意，常痛于心。宾客群臣有能出奇计强秦者，吾且尊官，与之分土。

商鞅——大秦首屈一指的变法家

这是秦国发展史上具有重大历史意义的一份文件。这篇文告中所提到的"缪公",即秦穆公(前659—前621年在位),名任好,是春秋时期秦国最有作为的国君。他在位时,任用百里奚、蹇叔、由余等人为谋臣,东进击败晋国,向西开地千里。"戎翟"指的是当时居住于中国西部地区的各游牧民族与部落,秦穆公把他们统一起来,大大加强了秦国的力量,故他被称为称霸西戎的雄主。秦穆公时期,是春秋时秦国的强盛时期,这使秦孝公感到自豪,所以他在文告中大力宣扬他先辈的业绩。

但是,秦穆公以后,秦国并没有得到持续的发展,而是出现了动荡,国势不振,以至于处于被动甚至有时挨打的颓状。这给了三晋中较为强大的魏国以绝好的时机。魏乘机夺取了秦国的河西之地,东方各国也因而瞧不起秦国,连一些会盟也不邀秦国参加。这种情况直到秦孝公的父亲秦献公即位后才有所扭转。秦献公(前384—前362年在位)原是公子连,又名师隰。他是秦灵公之子,秦灵公死,本应由他继位,但强大的守旧势力从晋国迎回他的叔父,立为国君,这就是秦简公(前414—前400年在位)。秦简公传位于秦惠公(前399—前387年在位),秦惠公传位于年幼的秦出子(前386—前385年在位),实际掌权的是秦出子之母

第一章　择主而事

小主夫人，秦国上下"群贤不说自匿，百姓郁怨非上"，国内矛盾进一步激化。秦出子立两年后，秦国的革新势力从魏国迎立秦献公。

秦献公在位的二十余年里，他实行的一个有重要进步意义的举措是"止从死"，即废止残酷而野蛮的以人殉葬的制度。他又把秦国的都城从原来的雍（今陕西凤翔）迁至栎阳（今陕西临潼），这就把秦国的政治中心东移了四五百里，有利于秦国的向东发展。秦献公还加强军事力量，和三晋抗衡，获石门、少梁（今陕西韩城市南）两战的胜利，重振了秦国的雄风。秦献公二十一年（前364），周显王向秦献公致贺，也就是肯定他为霸主，秦献公也当仁不让地当起了"伯"（"伯"同于"霸"），这在当时是非同寻常之事。秦献公四年（前381），秦孝公出生。秦献公二十四年（前361），秦献公去世，秦孝公继位，秦孝公继位时年仅21岁。

秦孝公继位之初发布的这篇文告，洋溢着爱国热情，充满了振兴秦国的决心。"诸侯卑秦，丑莫大焉"，正是这种强烈的国耻感和深沉的忧患意识，激发了他的爱国理想，点燃了他胸中发愤图强的一团烈火。身在魏国的商鞅，被秦孝公的爱国热情和宏大抱负深深感动。他的心，被遥远的秦国、被呼唤他的秦孝公吸引了。他也知道，秦国有重用客卿的传统，先前到秦国去的诸侯国的士人，大多得到了施展才华、实现抱负的机会。

追溯起来，秦国重用客卿的传统，正是在秦穆公时期开创的。秦穆公尚贤，他打破当时还很盛行的用人"亲亲"的陋规，所重用的百里奚、蹇叔、由余等人都不是秦国人，而由余还有过逃亡入戎的特殊经历。百里奚，原是虞国（今山西平陆北）大夫。晋献公二十二年（前655），晋国"假虞伐虢"——向虞国"借路"过境去伐虢国（占有今河南三门峡和山西平陆一带），灭虢后，晋军在归途中顺道灭掉了虞国，身为虞国大夫的百里奚，也就成了晋国的俘虏。后来，晋君嫁女给秦穆公，百里奚作为陪嫁之臣被送到秦国。他寻机逃亡，出走到楚，为楚人所执。秦穆公知道后，用五张黑色的公羊皮把他赎回，拜他为大夫，他因而被称为"五羖大夫"。蹇叔，原来也是关东布衣，秦穆公要重用百里奚，百里奚向他推荐了自己的好友蹇叔。当时，蹇叔正在很远的宋国（今河南商丘市南）。秦穆公听说有这样一位贤人，便下决心不惜一切代价要把他请来，于是"使人厚币迎蹇叔，以为上大夫"。由余，其祖先原为晋人，逃亡入戎，后又入秦，受到秦穆公重用，任上卿。他因为在戎人中生活过，了解"戎情"，所以在辅助秦穆公平定西戎的过程中发挥了特殊的作用，作出了

第一章 择主而事

重要的贡献。

这几个人都不是秦国人,但他们都得到秦穆公的重用,在秦穆公建立霸业的过程中起了重要作用。秦穆公用人唯才是举,为秦国开了个好头,此后,秦国一直保持并发扬了这个好传统。包括商鞅在内,还有张仪、范雎、蔡泽、吕不韦等人,都不是秦国人,而是从关东六国跑到秦国去的客卿,他们在秦国位至卿相,有职有权,建功立业,对秦国的发展作出了重要贡献,也因此成为历史上的著名人物。

商鞅仔细体会着秦孝公的文告,越读越有共鸣、越有信心。秦孝公不仅有爱国热情,而且还明确提出了相应的政策:"宾客群臣有能出奇计强秦者,吾且尊官,与之分土。"这说明,秦孝公懂得独木难成林,强国大业,必须依靠"能出奇计"的能臣。他如此明确地表示要厚待贤士,甚至许下"与之分土"的承诺,这表明他强国的愿望是多么迫切、创业的决心是多么坚定。

商鞅应该完全清楚,当时的秦国还不算强大。但是他懂得国家的强弱是可以转化的。自古以来,后来居上的例子很多很多,为什么秦国不可能是"下一个"呢?凭着秦国的种种有利条件,凭着秦孝公的那种决心,秦国是不会落后下去的。想着想着,商鞅感到自己的前程逐渐明朗。看来,到秦国去,响应秦孝公的召

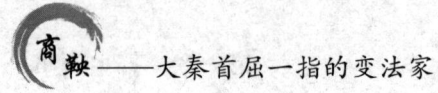

唤，辅助他成就强国之业，同时也实现自己的抱负，这就是他所能做、所应做的最佳选择了。

就这样，商鞅下了决心，决定立即西行，到秦国去！

第二章
初入秦国

一、景监引荐

秦孝公元年（前361），29岁的商鞅西渡黄河，来到了秦国的都城栎阳。据《史记·商君列传》记载，商鞅"因孝公宠臣景监以求见孝公"。

商鞅这一次没有投靠在秦国掌握国家实权的宰相门下，大约是吸取了雪藏于魏国多年的教训。他顾不得一身疲惫，急于求见他仰慕的秦孝公。然而，怎么才能见到秦孝公呢？虽说秦孝公下了求贤令，但宫禁森严，要想进宫并非那么容易。商鞅初来乍到，在秦国又举目无亲，没有什么人引荐，这实在使他为难。于是他打听起来，知道秦孝公身边有个宠臣，名叫景监。这个景监也不是秦人，而是楚人，很受秦孝公信任。于是商鞅便找到景监，托他向秦孝公转达求见之意。景监和商鞅交谈一番后，发现他很不寻常，若把他推荐给正在求贤的秦孝公，一定会使主上满意的。因此景监答应了商鞅的请求。

通过景监的引荐，商鞅很快见到了秦孝公。对于秦国的历史

第二章 初入秦国

来说,景监这个小人物,却是立了一个大功。试想,要不是他引荐商鞅,秦孝公怎么能见到这个从魏国主动前来为他效劳的英才呢?后人对于商鞅通过景监而求见秦孝公,也不无微词。司马迁在《史记·商君列传》后面的"太史公曰"中说商鞅"且所因由嬖臣",就表达了这种意思。但商鞅也是没有办法,这只能怪当时秦国吸引贤才的措施还不完善,还没有建立起切实可行的制度。

二、三进秦宫

在景监的带领下,商鞅进入了秦宫。秦孝公见到商鞅后,开始与他交谈。起初,秦孝公还饶有兴趣,但过不了多久,秦孝公竟打起瞌睡来。商鞅心烦意乱,不知怎么是好,若不再往下讲,怕秦孝公是假睡;若接着讲,还真提不起劲来,秦孝公分明没在听。于是,商鞅只好起身告辞,秦孝公也没有留他。

离开宫中的商鞅反复检讨着自己说过的每一句话,到底错在哪里?到底有什么地方不合适,为什么秦孝公不感兴趣?一连好几天,商鞅都寝食不安,度日如年。如果秦孝公对他讲的不感兴趣,听不进去,就不可能重用他,他在秦国也就不可能有什么前程了。商鞅回想起来,自己对秦孝公讲的是"帝道",难道是秦孝公对"帝道"不感兴趣吗?如果还能有一次机会,换成"王道"试试看。

商鞅又找到景监,请求他再帮一次忙。在景监的帮助下,他很快就二进秦宫,再次面谒秦孝公。这一次,他放开胆子,大谈"王道",秦孝公的精神看起来比上一次要好,静心听他把话讲完,兴趣明显比上次浓了。但是商鞅的目的还是没有达到,临离开时,秦孝公并没有表态。看来,他说的还没有完全对上秦孝公的胃口,还要琢磨。他又在室内苦想了好几天,终于,他心中豁然开朗,有了眉目。这时,他对景监说:"请再让我见主上一次。"

再次见到孝公时,商鞅好像变得成熟多了。他向秦孝公侃侃而谈,越说越显得有信心。秦孝公也听得非常专注,不住地点头,似乎是在赞许。古时候,人们席地相向而坐,一般是要保持一定距离的。然而,秦孝公在听商鞅讲说时,竟然不自知地一点点向他靠近,显然是为了把他的每一句话都听得更加真切。当天长谈后,秦孝公还觉得没有听够,之后又和商鞅约谈了几次。他对景监说:"你给我引荐的这个公孙鞅,说得实在精彩。若用他的办法,秦国的富强就有希望了。"

景监也觉得很奇怪,究竟商鞅说了些什么,竟然把国君给迷住了。他问商鞅。商鞅笑着说:"一开始我向国君陈说帝王之道,

第二章　初入秦国

想让国君仿效三代的君王，国君却说，那需要太长时间，他等不了，他想在此生有限的年华中就让秦国真正改变面貌。他这一说，我就明白了。于是我向他进陈强国之术，他才听得进去。不过，他这么急切，这么急于求成，也就难以与殷、周这些延续长达数百年的朝代比较功德了。"

商鞅觐见秦孝公，就是这样二易其道，先把"帝道"换成"王道"，不行，又把"王道"换成"霸道"，才让秦孝公满意。

"帝道""王道""霸道"，这些术语并不简单，它们分别代表了中国古代几种不同的政治模式，也反映了古人不同的政治理想。很多古籍中都涉及这类内容。例如，今本《管子》的《乘马》中就说："无为者帝，为而无以为者王，为而不贵者霸。"《管子》一书的《禁藏》中还说："凡有天下者，以情伐者帝，以事伐者王，以政伐者霸。"那么，究竟何为"帝道""王道""霸道"？大致上说，"霸道"就是争取国家的强大，拥有足够的实力，可以左右大局。"王道"就是建立优良的政治，使国家处于良好的发展态势，社会安定和谐，人民安居而乐业。"帝道"是从更长远而言，国家能够长治久安，国强民富，百代昌盛。东汉思想家桓谭说："所谓霸功者，法度明正，百官修治，威令流行者也。"他还说："儒者或曰：'图王不成，其弊可以霸。'此言未是也。"东汉陈元说："臣闻师臣者帝，宾臣者霸，故武王以太公为师，齐桓以夷吾为仲父。"这里说得很明显，周武王能以姜太公为师，故成就了帝业，而齐桓公以管仲为师，故成就了霸业。

总的说来，战国秦汉间人谈论"霸"的时候，还是肯定的多，有赞美、钦羡之意。如西汉武帝时期的严安就说："伯者，常佐天子兴利除害，诛暴禁邪，匡正海内，以尊天子。"这里的"伯"通"霸"，这不是义举吗？在东汉的班固所编著的《白虎通义》一书中，也说"率诸侯朝天子，正天下之化，兴复中国，攘除夷狄，故谓之霸也"，也对"霸"持肯定的态度。

对于商鞅的三进秦宫、二易其道，然后才能得到秦孝公赏识，王充总结说："商鞅三说秦孝公，前二说不听，后一说用者：前二，帝王之论；后一，霸者之议也。夫持帝王之论，说霸者之主，虽精见距；更调霸说，虽粗见受。何则？精，遇孝公所不欲得，粗，遇孝公所欲行也。故说者不在善，在所说者善之；才不待贤，在所事者贤之。"这就是说，帝王之道，是较高层次的，然而它没有对上秦孝公的兴趣，而"霸道"，实际上是低层次的，却为秦孝公所需要。王充对此的理解还是很透彻的，虽然他在说到这些时，心中也难免有几分苦涩。

商鞅煞费苦心，终于把秦孝公说动了。秦孝公的确急于找到

第二章　初入秦国

一条富国强兵之途,但他一时还很茫然,不知该怎么办好。商鞅虽然此时出现在秦孝公身边,为他进变法强国之计,但他思想上还是要经历一个选择的过程。商鞅的成功,也是极不容易的,从全过程来看,有可能有始无终,也有可能随时失败。他对秦孝公并无深知,他和秦孝公也没有其他更为深刻的关联。秦孝公可以听他的,也可以不听他的;可以重用他,也可以不理睬他。他要把秦孝公说动,实在不是一件易事。

在求见秦孝公的过程中,商鞅表现出了极大的耐心和灵活性,这是他成功的关键。如果他没有耐心,很可能早就打退堂鼓了,那就不会在最后时刻说动秦孝公。一开始,商鞅遇到了困难,不知秦孝公的意图,不知怎样才能让他感兴趣,必定有过迷惘甚至灰心的情绪。但是,他并没有轻易停止努力,他坚持了下去,直至成功。他也没有死守一个道理、坚持一种模式,而是用心琢磨,让自己的言论更切合实际。既然要想得到秦孝公的重用,就得要让他满意。要想让秦孝公满意,所讲的道理、所讲的对策,就得符合他的需要。经过一番试探,商鞅终于明白了秦孝公所需要的是什么。

秦孝公是一个讲究实际的人,这从他和商鞅最初的几次谈话中就可以看出来。他并不过分理想化地去构建"帝道""王道"

之类的蓝图，而是想做切实可行的事情，尽快地使秦国富强起来，自立于群雄当中。秦孝公也是一个有耐心的人，商鞅最初没有能够让他满意，一般而言，他是有可能不再想见商鞅的。可他并没有那样做，而是愿意听商鞅再陈述，给了商鞅第二次、第三次机会，商鞅正是因为这后两次机会，终于得到秦孝公的赏识。

人们讲"遇合"，遇合确实不容易。在历史上、在生活中，遇而不合的事，不知道有多少。秦孝公和商鞅的遇合，取决于双方的态度，正因他们二人的态度才使他们有可能真正得到交流，并建立起信任关系。

三、舌战群臣

秦孝公虽然欣然接受了商鞅的主张，但秦孝公身边亲近的大臣看不上商鞅，他们从中作梗，开始组织一场与商鞅的论战。

这场论战的情况和内容，在《史记·商君列传》中有较为详细的介绍，而在《商君书》中，也有《更法》一篇详述其事。《史记》的素材，可能就是来源于《商君书》。秦孝公开始时处于辩论对立的双方之间，那时，他还在深入考虑变法的可行性问题，他还有较深的疑虑，一时难下决心。他想变法，但又不知会引起怎样的后果，心中无数、无底，深为这种矛盾心态所苦恼。

第二章 初入秦国

这时,他最重的疑虑,不是别的,竟然是担心世人的议论:"今吾欲变法以治,更礼以教百姓,恐天下之议我也。"

的确,这种忧虑也并非没有必要、没有理由。人,活在这个世界上、活在社会中,不可能不受到种种制约,其中,舆论、批评是一股非常强大的力量。任何一个人,上至君王,下至百姓,都要考虑人们会怎样评论自己。

商鞅公开表明了自己的想法,直接回答了秦孝公提出的问题,力图消除他的疑虑,他如是说:"臣闻之:'疑行无,疑事无功。'君亟定变法之虑,殆无顾天下之议之也。且夫有高人之行者,固见负于世;有独知之虑者,必见骜于民。语曰:'愚者暗于成事,知者见于未萌。民不可与虑始,而可与乐成。'郭偃之法曰:'论至德者,不和于俗;成大功者,不谋于众。'法者所以爱民也,礼者所以便事也。是以圣人苟可以强国,不法其故;苟可以利民,不循其礼。"

这一段话,深得秦孝公之意,他立即赞扬道:"善!"这段话,可以说是商鞅变法的思想基础。他用明确的语言、鲜明的态度,回答了秦孝公的问题,消除了他的疑虑。他认为,要成就任何事情,最主要的是必须下定决心,而不能迟疑不决,否则是不可能成功的。"疑行无名,疑事无功",说的正是这个道理。看来，秦孝公毕竟年轻而不成熟，虽然有改革的愿望，但是性格还不够坚定，在采取行动前疑虑很重，怕这怕那，甚至担心人们会批评他和他将要进行的改革。当然，在任何大的行动之前，慎重考虑还是必要的，过于轻率是应当避免的。但慎重并非优柔寡断，该下决心时就必须痛下决心。

商鞅还认识到一个重要的事实，那就是人们对于像改革这样的大事的认识会有差异。由于认识上存在距离，也由于切身利益的不同，人们遇事的反应不可能完全一致。他在众人中划分出一小部分人——"有高人之行者"和"有独知之虑者"，这些人认识往往有超前性、独创性，他们对事情的看法异于常人，因而有时可能得不到多数人的理解和支持。

商鞅这番话中，最有意义的内容是为了"强国"、为了"利民"，可以"不法其故""不循其礼"。这是一个非常大胆的思想，其意义，有如我们说"实事求是"。有这样的思想，在古代更是不简单。人的思想，总有一定的保守性，常常表现出喜欢因循而不图新求变的惰性。秦国的大臣甘龙、杜挚就是如此。甘龙闻听商鞅之言，立即说："不然。"表示坚决反对。甘龙以他所闻的"圣人不易民而教，知者不变法而治"来反驳商鞅的观点。他认为变法是"不循秦国之故"，就是把秦国的好传统丢掉了，这是

第二章 初入秦国

很冒险的。"臣恐天下议君",他担心的,还是天下对秦国、对秦君的批评。他的观点,是法不能变,变法不但没有好处,还会惹出麻烦,让天下人取笑。

商鞅立即反驳他的话,指出他的话是"世俗之言"。他尖锐地指责甘龙是"拘礼之人""制法之人":"拘礼之人不足与言事,制法之人不足与论变。"

商鞅又提出了一个重要的论点:"三代不同礼而王,五霸不同法而霸。"此言甚是。到商鞅生活的时代,已经经历过"三代",也出现过"五霸"。历史总是变化的、前进的,历史也不会简单地重复。"三代"代代不同,"五霸"各有霸法,哪有一成不变的法则,为什么要拘泥于定法,死守什么规则?

事实证明,历史是发展的、是前进的,没有一成不变之法,也不能绝对地划分什么"古法""今法"。法无定法,法要随时代而变,要随形势的发展作适当的修正。当然,这里所说的"法",并不完全是指法律。法律要有严肃性,不能随意更改,但也可以在必要时作适当的修改。这里所说的"法",含义更广一些,大致是指办法、政策、制度等。这些东西,都有传统性,一旦形成,很容易使人受到束缚。但是,当社会前进了、形势变化了,需要对它们作出修改时,如果过于拘泥、墨守成规,那就会脱离实际，就会造成国家的落后。这已是为几千年的中外历史所充分证明了的。

在改革的时期，思想上的创造性极为重要，墨守成规，必定无法进行改革，也将一事无成。历史上的每一次变法、每一次改革，总会招致保守派的拼死反对，除了变法触动了他们的利益这一显而易见的因素外，还有一个共同的必然的原因，那就是变法过程中，新法刚刚出台、刚刚实行，总是有缺点的，不那么完备。新法不可能十全十美，不可能没有任何问题。特别是改革后的新法，在解决了或缓解了旧的矛盾后，也可能产生新的矛盾。一种倾向得到了扭转，另一种倾向可能一时变得突出起来。变法、改革是进步，但又不能解决一切问题、一切矛盾，无法让所有的人满意。于是这自然给保守派提供了口实，在主张"法古"的人看来，既然这样，那最好不要变法。

群臣与商鞅的争辩，始终围绕着一个问题：一定要"法古"吗？杜挚就是坚持一切都要"法古"的。他强调"利不百，不变法"，要秦孝公好好考虑。

商鞅给了杜挚坚决而有力的回击。他的话理由非常充分，使杜挚、甘龙之流再也无话可说。秦孝公也深感他讲得在理、讲得精彩，才终于下了变法的决心。

第二章 初入秦国

商鞅的指导思想十分明确:"不必法古。"他能说出这样一个思想原则,本身就是对中国思想史的重大贡献。商鞅划分"愚者"和"知(智)者"的思想也是极有价值的。他指出:"故知者作法,而愚者制焉;贤者更礼,而不肖者拘焉。"原来,知者善于"作法",也就是说做有创造性的事,而愚者为成法所制,不知适应已经变化了的形势,不会开拓进取;贤者,会对"礼"作出更新,而"不肖者"只会为礼所拘,一筹莫展。

值得注意的是,秦孝公也为辩论双方作了正确的评判,他称甘龙、杜挚为"愚者"。这两位商鞅的论敌"愚"在哪里呢?他们"愚"就"愚"在不识时务、坚持古法,而不是从实际出发,不是以改革的精神来推动秦国的发展。

一场辩论,关系到秦国的命运。它的结果,决定了秦国此后的发展方向。在这场意义重大的辩论中,商鞅为一方,据理而陈,雄辩有力,而作为另一方的甘龙、杜挚,却一派迂腐之见,虽然他们强词夺理,但挡不住辩论对手的凌厉攻势,终归于失败。这种君臣共商国是、当面陈述观点、展开讨论的做法,古谓之"廷议"。秦国一直保持着这样的制度,形成了悠久的传统。《商君书》把"孝公平画,公孙鞅、甘龙、杜挚三大夫御于君。虑世事之变,讨正法之本,求使民之道"的廷议过程,特别是讨论中的言论记载下来,是古代民主决策过程的宝贵史料,对于今人极具启发价值。无论古今,遇事认真讨论,不同的意见都能提出来,然后再集思广益,将若干方案加以充分比较,择善而定,这样的民主决策,比个人独断要好。

四、决计变法

经过一番辩论,商鞅战胜了论敌,秦孝公也终于下定了决心。从《商君书》的《更法》篇来看,秦孝公被商鞅折服了,他说:"善!吾闻穷巷多怪,曲学多辩。愚者笑之,智者哀焉;狂夫之乐,贤者丧焉。拘世以议,寡人不之疑矣。"于是遂出《垦草令》。

秦孝公的话,说得也很深刻。其一,人们由于不同的前提条件,对于真理的认知存在很大的差异。穷巷中人,因为见识有限,能资以判别的根据严重不足。因此,在另外一些人看来是很浅显的道理,对他们来说仍有一个特别的认知过程。"曲学",是指那些由于种种原因而昧于道理的人们,他们对那些简单易明的道理也要做种种辩解。其二,对于同一事理,人们会有极不相同的认识和态度。"智者"对于"愚者"的笑之所以会感到痛心,"贤者"对于"狂夫"的乐之所以会感到悲哀,都是因为他们对

第二章　初入秦国

事理的判断正好相反。"拘世以议"，是要进行分析的。当然，并不是一切"拘世以议"所作出的判断都会出错，但过于拘泥世俗之见，为世俗之论所束缚，那就会窒息一切创造性的认识，只会墨守成规，战战兢兢，毫无作为。

史载过略，商鞅变法是怎样揭开序幕的，没有记述性的史料可以参考。"于是遂出《垦草令》"，倒成了很可贵的一则材料。《史记·商君列传》如是说："孝公曰：'善！'以卫鞅为左庶长，卒定变法之令。"变法的确定，主要有以下三个要点。

第一，秦孝公作出最后定夺，也就是这位国君的"圣裁"。和《商君书》记载基本相同的是，变法序幕的揭开，都是以秦孝公在商鞅与甘龙等人辩论后的一声"善"，这个对商鞅主张的充分肯定来宣告的。

第二，秦孝公任命商鞅为左庶长。这一方面是秦孝公对商鞅的地位的确定，使他有职有权，能行使主持变法之事；另一方面使秦国的贵族保守派受到压制。

第三，"卒定变法之令"。虽然语焉不详，但多少还是可以据以推测，变法的方针大计是商鞅和秦孝公一起研究确定下来，然后付诸实施的。依秦孝公对国事的热诚和强烈的责任感来看，他把一切政事都推给商鞅，自己置身事外，似乎是不太可能的。

第三章
举步维艰

一、徙木为信

秦孝公六年（前356），秦孝公采用商鞅的建议，任命商鞅为左庶长，下令在秦国变法。

在秦国的二十等爵制体系中，左庶长位列第十，属于中级官员。其上级包括右庶长、左更、中更、右更、少上造、大上造、驷车庶长、大庶长、关内侯和彻侯。通常，治理国家的相国由关内侯或彻侯担任。战国时期，推动变法的多为宰相级别的人物，如郑国的子产、魏国的李悝和齐国的管仲等，他们均位居相国之列，凭借其权力和地位得以顺利推行改革。然而，商鞅作为卫国人，仅担任中级官职左庶长，却要主导变法维新，显然是"名不正言不顺"，面临重重困难。

"人无信不立"，国家亦然。商鞅深知，要获得民众对变法的支持，必须先赢得他们的信任。为此，他花费大量时间研究变法策略。秦孝公任命他为左庶长后，新法迅速制定完成，但商鞅并未立即将新法公布，而是计划通过激励措施来动员百姓。

第三章　举步维艰

秦孝公六年（前356），商鞅在秦国都城南门的热闹市场立下一根三丈高的木柱，并张贴告示，承诺将木柱搬到北门者赏十金。虽然搬运木柱并非易事，但赏金之高令人难以置信，因此无人响应。商鞅随后将赏金提高至五十金，这一巨额赏金引发了广泛关注。最终，一位勇敢者站出来，扛起木柱前往北门，这一举动吸引了大量围观者。当木柱成功被搬到北门后，商鞅当场兑现了五十金的赏金，此举震惊了众人，树立了他的威信。

通过这一事件，商鞅成功赢得了民众的信任，为新法的推行奠定了基础。新法公布后，尽管内容是人们前所未闻的，但有了"徙木为信"的先例，民众对新法的疑虑大为减少。商鞅借此机会迅速颁布新法，确保了变法的顺利启动。

商鞅变法涉及政治、经济、文化等多个方面，主要内容包括：编制户籍、实行什伍连坐；推行小家庭制度；以军功晋爵；鼓励农业生产；废除贵族爵位世袭制；废封邑为郡县；废除土地贵族所有制；统一度量衡并迁都咸阳。秦孝公六年（前356），商鞅首先推出了前五项改革，为后续的深层次变法铺路。六年后，也就是秦孝公十二年（前350），他颁布了后三项触及根本的改革，标志着变法的全面展开。

古人极重信义，甚至把信义看得比生命还重。古代政治家也特别重视政治上的出言必信,有令必信。商鞅"徙木为信"这一举动,获得后人的赞赏。唐代著名的诗人刘禹锡有"徙木之行必信"的赞语,北宋的著名改革家王安石还特别写了一首咏商鞅的诗,赞扬此事:"自古驱民在诚信,一言为重百金轻。今人未可非商鞅,商鞅能令政必行。"

二、示威游行

尽管悬赏移木之举为新法赢得了初步的信任,但前五项变法措施颁布后并未如预期般获得民众的广泛支持。据《史记·商君列传》记载:"秦民之国都言初令之不便者以千数。"新法推行仅一年便有数千民众赴都城抗议,这在当时秦国严苛的舆论环境下显得尤为反常。按魏国李悝所著《法经》规定:"议国法令者诛,籍其家,及其妻氏。"公开非议法令者不仅会面临死刑,其家族亦将沦为奴隶。秦国百姓甘冒如此重罪群起抗议,实属异常。

商鞅此时陷入两难境地:若依法严惩抗议者,则需处决数千人,这不仅可能引发贵族煽动的民变,更会使变法成果毁于一旦;若放任不管,则可能动摇法治威信。面对贵族集团借机煽动的抗议浪潮,商鞅选择了隐忍策略,既未镇压示威者,亦未追究主谋,而是以静制动。他深知新法成效需时间验证,只要坚持推行，百姓终将因受益而转变态度。

这场声势浩大的抗议最终因缺乏实质支持而消散。随着新法益处逐步显现，多数民众转而拥护改革。不甘失败的贵族势力却另施毒计——用无知孩童充当政治工具，试图通过极端手段破坏变法进程。

三、太子犯法

商鞅变法遭遇的最重大危机源于秦孝公的继承人——当朝太子。据《史记·商君列传》记载，新法推行第二年，太子违法事件将商鞅推向两难深渊：若赦免储君，则"法律平等"的变法根基将遭瓦解；若处罚年幼的太子，既违背人伦常理，更会激化矛盾。彼时法律体系中尚未形成未成年人保护条款，这恰恰被反对派公子虔等人视为法律的漏洞。

面对困局，商鞅展现出了卓越的政治智慧。他将问责矛头指向了教育者——太子之傅公子虔、师公孙贾。对公子虔施以劓刑，对公孙贾处以黥刑。此举既维护了法治威严，又规避了直接惩罚储君的政治风险，更开创了"未成年人违法追责监护人"的司法先例，这一原则因兼顾人伦与法治精神，至今仍在现代司法体系中延续。

通过这次危机处理,商鞅不仅打退了贵族集团的反扑,更使变法成果加速显现。《史记》记载,数年后秦国呈现"道不拾遗,山无盗贼,家给人足"的治世景象,民众从质疑转向自发拥护新法。然而当变法触及根本性变革——废除贵族封邑制度时,商鞅却出人意料地暂缓了改革的步伐,转而发动对外战争。

第四章
首次变法

一、推行新法

商鞅以出色的论辩能力战胜了秦孝公身边的保守派人物,最终使秦孝公确立了对他的信任。自此,他开始成为秦国统治集团中仅次于秦孝公的决策人物,并有了推行新法的实权。

关于商鞅在秦国的变法始于何年,因史载不详,一直存在不同的看法,一说是在秦孝公三年(前359),一说是在秦孝公六年(前356)。若以新法大规模的推行为准,变法正式始于秦孝公六年(前356)的可能性更大一些。当然,奠定新法基础的《垦草令》很可能是起草于秦孝公三年(前359)的,若谓变法从此时开始筹备或者说试行,也是说得过去的,故《史记·商君列传》说他第一次变法"行之十年",这大约是从秦孝公三年(前359)算起,到秦孝公十二年(前350),差不多是十年。

《史记·商君列传》说"商君相秦十年",但《史记》索引中言:"战国策云孝公行商君法十八年而死。"看来,商鞅变法前后共历时约十八年这个观点还是比较合于事实的,算来正是从秦

第四章 首次变法

孝公六年（前356）至秦孝公二十四年（前338）（商鞅于此年被杀）。在此期间，比较集中地推出新法是两次，第一次是在秦孝公六年（前356），第二次是在秦孝公十二年（前350）。

秦孝公六年（前356），商鞅被授予左庶长，此时他已实际上执掌了秦国的政务，从而有了推行新法的全权。当然，这和秦孝公对他的信赖和全力支持是分不开的。

商鞅变法的内容，史书记载略而不详且杂乱无序，后人自有不同的解释，对于新法的内容也有不同的归类。大致说来，商鞅所推行的新法可以归纳为这几个方面的内容。

其一，进行土地和赋税制度的改革，使之有利于促进国家经济的发展，也有利于增加政府的财政收入。经济发展了，财政收入增加了，国家的实力和竞争能力也就随之增强了。

其二，大力推行重农抑商和奖励耕战的政策，把全国上下的注意力和全部社会力量尽可能地集中到不断增强国家的经济和军事实力这样的基本目标上去，由此而达到富国强兵的目的，使秦国立于不败、必胜之地。

其三，在全国确立有效的激励机制，一方面限制或取消贵族的世袭特权，另一方面大力推行军功爵制。虽然保持贵贱有别的等级制度，但更新其内容，使那些为国家多作贡献的人享有尊

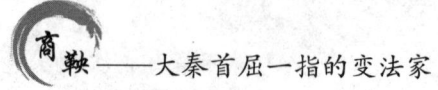

荣,鼓励人们为国家建功立业。

其四,在国家的政治生活和社会生活中全面实施商鞅的法制理论,努力在秦国确立法制体系,建立法制和法治类型的君主专制统治。

其五,在秦国普遍推行县制,加强中央集权统治,提高行政效率,保证秦国的政府和政治具有高效的特征。

其六,在秦国社会基层建立严密的控制系统,通过什伍连坐制对犯法者和受牵连者严加惩罚,迫使人们服从最高统治者和专制政府的意志。

其七,统一度量衡,实行标准化,力图给政府管理和经济生活减少混乱,带来方便。

其八,加大移风易俗的力度,改变秦国社会生活中的恶习陋规,为秦国的富国强兵增加积极因素。

变法的直接目标,是调整各社会集团的利益关系,充分调动各阶层的积极性,把全体社会成员的注意力统一起来,把全部社会力量集中到一项事业上去——使秦国国富兵强。在现存的《商君书》中,《垦令》列为第二篇,此篇从头到尾就是在论证和设计如何实现"草必垦"。"草必垦",就是使荒地得到充分开垦和利用。贯通全篇的思维就是让人们安于农业,不思迁移。商鞅想

第四章 首次变法

得很多,也想得很周到,当时所能想到的他几乎全想到了。

为什么要"草必垦"?就是为了发展农业生产,建立起富国强兵的物质基础。为此,不能靠外援,也不能到境外去劫掠,只有"自力更生",依靠自己的努力。在当时的条件下,想要依靠自己的努力发展农业生产,充分利用地力,提高单位面积产量,当然是可行的,但又是有限的。一个现实的办法,就是开荒,扩大耕地面积,多种地,多打粮,乃是切合实际的。

商鞅认为:"夫地大而不垦者,与无地同。"(《商君书·算地》)因此,要充分开发利用土地。这和李悝主张"尽地力之教"的思想和政策是一致的。商鞅认为要使国家富强,一定要千方百计"尽地力而致民死者"(意为充分发掘土地的潜力,并让民众愿出死力)。他在整个变法过程中所追求的基本目标是让秦国"野无荒草"(《商君书·去强》)。

当然,"野无荒草",不但是农业生产发达的标志,而且是全国绝大多数人口被充分发动起来,围绕着使国家强盛这样一个根本性的目标而辛勤劳动的生动画面。

在《商君书·垦令》中,商鞅对"草必垦"的条件进行了充分的论证。由此出发,商鞅从各个方面进行了策划设计,一连提出二十项使"草必垦"得以实现的措施。要实现"草必垦",必须使"民必农"。要使"民必农",至少有两条:其一,民在法律和政策的强制下,只能务农,而难以有其他的选择,要让"辟淫游惰之民无所于食",尽量减少不种粮的人;其二,要让民务农比从事其他职业的处境更好,因此必须改善政治,少打扰农民,使之能安心于农业生产,还要注意减轻农民的负担,使他们努力生产即能过上安定而丰足的生活。

农业,被商鞅视为立国之基础,也是富国强兵最基本的条件。在当时的条件下,农业要发展,人的因素是最重要的,在同样的情况之下,最重要的是人的劳动力的投入和生产积极性的发挥。作为商鞅新法的总设计提纲《垦草令》,把这个问题放在最基本、最重要的位置。

人在农业生产中的积极性问题,是一个至今仍有重大社会意义的问题。这个问题取决于许多因素。

一方面是农业劳动本身的特点。农业劳动主要是体力劳动,劳动量很大,十分艰苦,需要较强壮的身体条件,在古代尤其如此。统治阶级懂得农业的重要性,因而有"重农"的思想和政策,但也因为农业劳动的重体力特点,当时的统治阶级往往不从事这项劳动。"劳心者治人,劳力者治于人",孟子只不过是直接道出了这个思想而已。所谓"劳心者",首先是指掌握权力者,

第四章 首次变法

他们"劳心",是具备治人的条件;其次是那些虽然不直接掌握权力,但为掌权者直接需要、能为他们出谋划策之人。而从事农业劳动的绝大多数人文化水平不高、不懂"治人"之术,亦无"治人"所需要的一切条件,因而他们往往处于社会的底层,"治于人",这样怎么会有社会地位呢?

当然,除了劳动条件和社会对其认可的程度外,另一方面十分重要的原因,那就是农业劳动的社会报酬和社会补偿与从事其他社会职业相比处于劣势。古代的社会分工比较简单,行业和职业均没有那么多。《管子》一书以"四民"分人,士、农、工、商,已大体包含了社会各个阶层。在这"四民"中,士,有较高的社会地位,学习或所事比较高雅的文化、教育事业,至少能接近有权力者,甚至最有希望进入"权力圈"。工,需要较高的技艺,只要掌握了较高的技艺,就有了较高的"身价",社会地位可以高一些。商,在社会经济中主要从事流通行业,虽然有较高的风险,但收益也相对较高,甚至能达到一般情况下农业劳动所不可能达到的程度。而农,虽然位于工、商之前,但一般而言,是生活条件最差、实际地位最低的一个阶层。

司马迁,是西汉时期的史学家、文学家、思想家,他善于引用民间的语言来说明复杂而深刻的社会现象。"夫用贫求富,农不如工，工不如商，刺绣文不如倚市门"，这里说的是古人的"比较经济学"。商鞅也是一位对社会生活有深刻观察和认识的思想家。早在司马迁之前，他就看到了人们不愿意从事农业生产的原因。他把那些力图逃离农业生产的人看成是社会的"虱子"。正因为这样，想要让人们从事农业，实际上是要采取强制性措施的，这就是人们通常喜欢说的"政策"。政策，是一种引导，是一种诱使人们趋利避害的手段。

与重农政策相应的是轻商，禁末。这在《管子》一书中也说得很明白："凡为国之急者，必先禁末作文巧。末作文巧禁则民无所游食，民无所游食则必农。民事农则田垦，田垦则粟多，粟多则国富。国富者兵强，兵强者战胜，战胜者地广。"商鞅也认为重农必须抑商，两者密不可分。因此，要知道他为重农采取了哪些措施，还必须知道他为抑商采取的许多切实的措施。

商鞅的思路是尽可能地减少非农业人口。为了使"民不贱农"，就要使"民不贵学问"，"民不贵学问"，就会变得听话，而且没有别的奔头。"民不贱农，则勉农而不偷。国安不殆，勉农而不偷，则草必垦矣。"（《商君书·垦令》）还必须"使商无得籴，农无得粜"，这样做的目的，一方面，无非是使从事商业的无利可图，转而从事虽然无大利但尚可维持生活的农业；另一方面，

第四章 首次变法

又使不从事农业的人们买不到粮食，面临饿死的危险，于是只好从事农业。

在战国时期，已经出现雇工，特别是建造、修缮房屋这样的一些劳动更是经常使用雇佣劳动。商鞅看到，如果经常有一部分劳动力从事这一类雇佣劳动，他们就可能脱离农业生产，这也是使一部分劳动力流向非农业领域的一个原因。于是他又规定，要尽量压制这些方面的营建，也就是不允许使用雇佣劳动，使农民安心务农，不起异心。

商鞅还主张取消人民的"行"即旅行和迁徙的自由，让不安心务农的人没有任何出路。为此，还要取缔旅店，既不让外出之人得到任何方便，也不让开办旅店的人有盈利的机会。还必须严格控制人口流向山林湖泊从事樵采佃渔这一类事情，要把山泽严格地管起来。这是十分明白的，不让人们去开采利用这些自然资源，迫使人们只能到土地上去耕种。

商鞅还想到，不能让人们随便就能买到吃的东西，更要抑制高消费式的饮食。于是他破天荒地想出"贵酒肉之价，重其租"。这可能是历史上最早征收的饮食业高消费税。这样一来，必然商贾会少，因为商贾不容易挣到钱，他们中的相当一部分会被迫退出经营。百姓也不能因为有点钱就很容易地买到酒食，于是只好从事农业。"农不能喜酣奭，大臣不为荒饱"，看来，商鞅的这项设计倒也不是专门针对农民的，也想让大臣不因大吃大喝、过于沉湎于享乐生活而荒废了政务。

还有一部分贵族子弟，也必须让他们从事农业。这些人过去是可以从官府那里领取口粮的，现在也要限制他们的特权，让他们别无出路，最终只有务农以营生。还必须"重关市之赋"，压低商业经营的平均利润，这样，"农恶商"，而"商有疑惰之心"。也就是说，农民不想或不敢再有到商业领域去发财的念头，连商人也因为难以盈利而不得不放弃商业经营。这样一来，唯一的结果是农民安心务农，商人也会归于农业。

还不止于此，商鞅还想到"商劳"而"农逸"。对于商人，不能让他们安逸舒适。办法之一就是加重对商人及其家庭成员的徭役摊派，他们家中的人必须经常到官府去服役。与此同时，对于农民，只要他们安心搞好农业生产就行，减少他们的其他负担，他们从事农业，没有别的负担和心事，吃得饱、过得舒坦，自然会安心于务农，不会再生其他杂念。

除了把秦国境内的人民尽量固着在土地上，把他们的全部精力注入农业生产外，商鞅还注意到要设法增加新的劳动力。当时的土地不愁，待垦的荒地很多，更主要的问题是缺少劳动力。新

第四章 首次变法

增劳动力当然可以通过人口的自然增长获得,但这太慢了。为此,秦国实行"徕民"即用各种办法吸引他国的人民到秦国来居住和垦荒、生产。《商君书》中专有《徕民》一篇,虽说该篇不是商鞅本人所作,已成定论,但篇中的基本观点则是符合商鞅的思想原则的。商鞅来自"三晋"之一的魏国,当然对三晋的情况非常了解,那里地狭人贫,人口多而土地少,而秦国正好是地广而人稀,亟须大批劳动力。于是采取措施从"三晋"引诱一部分人到秦国开垦耕种,正是好办法。

二、奖励耕战

商鞅为秦国所设计的富国强兵之路,关键在于农战或耕战。"农战兴国"是商鞅变法的基本思路和基本政策,于是奖励耕战就成了变法最基本、最重要的内容。"耕"和"战"的重要不言而喻。"耕",就是发展农业生产,增加粮食产量;"战",就是壮大国家的军事实力,克敌制胜。这在先秦至秦汉时期的许多思想家的言论和著作中都提到过。但是,一般情况下,大多是分别谈"耕"和"战",商鞅则是始终有意识地把两者紧密联系在一起的。

秦是平王东迁时兴起的西方大国,其所有之地,主要是西周王朝的中心区域，古有"宗周"之称。最早生活于渭水流域的周人，是一个以农业起家的古老部落，周人的始祖后稷，善于种植各种粮食作物，曾在尧、舜时代做过农官，教民耕种，因而被称为"农神"，他的后人认为他是开始种植稷、麦这些重要农作物的传说人物。西周政权终结于在其西北方游牧的犬戎之手，宗周一带的农业生产因此受到严重破坏，这里历史悠久的农业文明也发生了倒退。周平王东迁后，秦人占据了宗周故地。秦人的祖先与畜牧业也有较密切的关系。春秋乃至战国前期，秦人长期过着半农半牧的生活，农业并不发达。在战国时期的历史背景下，农业的地位和作用已经远非西周和春秋时代所能比拟的了，这时的农业具有前所未有的重要意义。农业，不仅是民生之必需，而且和国家的强弱相系，不论何国，只有农业发达，才能具备和别国抗衡的基本条件。道理很简单，只有发展农业，拥有充足的粮食，才能维持一支人数众多的军队，才能支持旷日持久的战争，才能保障军事行动的后勤，才能使国家立于不败之地。

《商君书·农战》说："国待农战而安，主待农战而尊。夫民之不农战也，上好言而官失常也。"这里很明确地把"农""战"二事和国家的强盛、君主的荣安紧相联系。一句话，没有"农""战"，就不会有国家的强盛。秦国具有发展农业的优越条

第四章 首次变法

件,单就它的本土——位于渭水流域的关中平原而言,早就有"陆梁""天府"等美称。但农业生产水平是由人的劳动力和土地资源相结合而决定的。秦国土地广大,土壤肥沃,但这只是农业发展的基本条件,农业生产能否获得更大的发展,还要取决于其他条件能否与之配合,还要看农业的生产力能否综合性地发挥作用。

商鞅懂得民以耕战二事为苦,"民之内事,莫苦于农","民之外事,莫难于战"(《商君书·外内》)。与从事其他职业者相比,农民也处于十分不利地位:"故农之用力最苦,而赢利少,不如商贾、技巧之人。"(《商君书·外内》)民天然存在着"避农战"的心理趋势。如果没有得力的措施、有效的政策,甚至存在"农战可避,而官爵可得"的现象,那么,就可能同时存在"民惰而不农"的状况,甚至出现"一人耕而百人食之"的严重失调情况,这是十分危险的。既然民欲避农避战,怎样才能使民"入农出战"(即"入使民属于农,出使民壹于战",见《商君书·算地》),便成为必须解决的问题。

商鞅把民分为"游食者"和"农战之民"两大类,任何一类少一个人,另一类就多一个人。必须同时"尊农战之士"和"下辩说技艺之民"(《商君书·壹言》)。他思考的重点就是建立一整套制度和办法,使"民之欲利者,非耕不得;避害者,非战不免"(《商君书·慎法》)。还要致力于调整社会利益关系,使"边利尽归于兵,市利尽归于农"(《商君书·外内》)。

奖励耕战,要有明确的政策措施,要使从事耕战并有突出成就者得到切实的利益。同时,不但要奖,还要有罚。光有奖励,没有惩罚,是不能完全达到激励目的的。要重农重战,要奖惩结合,要使人们无法逃避耕战,人人皆得全心全力事之。对此,商鞅的心中是十分清楚的。奖励耕战,实际上伴随着用重法惩治不事农战者。商鞅完全清楚,民众对于"农""战"二事是畏而欲避之的。《商君书·外内》中也说:"民之外事,莫难于战,故轻法不可以使之。"显然,民哪里会不知道作战有危险呢,又怎么会一点也不怕打仗呢?商鞅得出结论,要想让百姓热衷于这两件事,必须使用赏、罚这两手。"故欲战其民者,必以重法","赏多威严,民见战赏之多则忘死,见不战之辱则苦生"。他说民见赏多就会忘死,连命都不顾了;考虑到如果不能拼命杀敌、不能建立战功,与其在屈辱中活着,还不如去死——这样想,当然不会怕死了。

相比之下,国家对于"战"的激励则比较容易一些,收效也来得更快一些。商鞅所采取的主要措施,是鼓励将士在前线杀敌

第四章 首次变法

立功,特别要奖励冒着生命危险在第一线苦战的士兵,士兵斩敌首一级,赏爵一级,于是遂有"首级"之称。为了配合对将士的奖励,商鞅设立了比较完善的军功爵制,共分二十等爵,由低而高依次是:公士、上造、簪袅、不更、大夫、官大夫、公大夫、公乘、五大夫、左庶长、右庶长、左更、中更、右更、少上造、大上造、驷车庶长、大庶长、关内侯,最高一级为彻侯。这些爵位并不等于官职,但与官职又有联系,每一级都有不同的待遇。如商鞅的爵位初为左庶长,后来晋升至大良造(即"大上造")。

商鞅一直把对军功的奖励放在十分突出的位置。他强调要"利禄官爵抟出于兵""富贵之门必出于兵"(《商君书·赏刑》),不惜代价地奖励军功。这在他看来是很划算的,因为他说过"明赏不费"。值得注意的是,在商鞅激励战功的机制中,有意把杀敌立功的机会更多地留给士兵,而军官则从另外的方面来考察,另有量功论赏的标准。

在《商君书·境内》中有规定:"其战,百将、屯长不得斩首。"这是因为百将、屯长这些军官的职责在于指挥和组织,而不能把注意力放在直接的作战、杀敌之上。这是完全可以说得通的。我们应该注意到,在云梦秦简的《秦律杂抄》中,也有规定说:"故大夫斩首者,迁。"意为本为大夫而在阵前斩首的,应处流放之刑。这些大夫正是屯长和百将以上的军官，因此在一般情况下不允许亲自杀敌，如斩敌首，不但不能得到奖励，而且还要受到追究和处分。商鞅坚信，在落实了赏罚分明、重奖严罚的政策后，勇立军功，将会成为全体人民的自觉行动。

正如《商君书·赏刑》中的描述一样："故民闻战而相贺也，起居饮食所歌谣者，战也。"国民如此喜欢战争，不是因为别的，而是因为战争会给他们带来极好的机会，立功、受赏、发财、晋爵。"民之见战也，如饿狼之见肉，则民用矣"（《商君书·画策》），士兵乃至平民到了这样一种状态，其不怕死的精神和战斗力也就可想而知了。战国时期，东方六国都把秦国视为"虎狼之国"，其意既在刻画秦的残暴，也还有另一层意思：秦国军人因为有赏罚分明的激励机制，故在战争中奋不顾身，如狼似虎。

对于从事农业生产的奖励，更要重视并且真正落实，方能有效。商鞅明确规定："僇力本业，耕织致粟帛多者复其身；事末利及怠而贫者，举以为收孥。"（《史记·商君列传》）这里把农业方面的基本政策都讲到了，对于努力耕织、生产搞得好的，给予的奖励是"复其身"即免其徭役；而不好好生产的，要举家罚没为奴隶。这一奖一罚，都是很实在的，也是当时的农民最感真切的。徭役，是古代农民最沉重、最感痛苦的负担，如能免除，当

第四章　首次变法

然是莫大之幸。而奴隶,在那时地位最低,连生命都没有保障,把全家变为奴隶,当然是极严重的惩处了。商鞅还提出"使民以粟出官爵"(《商君书·靳令》)的政策,农民生产搞得好,余粮多,还可以换取官爵,这样,农民会更起劲地干农业。

按照商鞅的设计,要以"农""战"把农民的一切统一起来,把全国百姓的一切统一起来。统一,就是"壹",这是商鞅学派经常使用的一个词汇,在《商君书》中屡屡见到。他们说得很明白,国家的目标,应该是"入使民属于农,出使民壹于战"(《商君书·算地》)。这就是商鞅为秦国的普通人民设计的生活方式,是必须遵行而不允许违背的。《商君书》中,多次以"壹"来强调把全国的力量集中到发展农业和从事争霸战争上去。"治国能抟民力而壹民务者,强;能事本而禁末者,富。"(《商君书·壹言》)国要务一,民也要务一。

战国时人韩非说:"商君……禁游宦之民,而显耕战之士。"蔡泽说:"夫商君……劝民耕农利土,一室无二事,力田畜积,习战陈之事,是以兵动而地广,兵休而国富。"他们都是说商鞅将耕战放在变法的重要地位,采取了有力的措施,并且取得了显著的成效。

三、重定贵贱

西周社会实行世卿世禄制，各级贵族的身份、地位和特权都可以由子嗣继承。贵者恒贵、贱者恒贱是普遍的现象。春秋时期，世卿世禄制已开始受到挑战，发生动摇。许多诸侯、大夫的地位一落千丈。就连至高无上的周天子，也远没有往日那样气派了。到了战国时期，这种变化趋势就更加明显了。商鞅变法，对于阶级地位的传统秩序来说，是重定尊卑。重定尊卑，是春秋战国时期的历史潮流，也是当时处于较低地位的大部分社会成员的要求。在战国时期的诸子著作中，与之相关的议论是很多的。

《墨子》有《尚贤》，提出"尚贤者，政之本也"的鲜明观点，反对世袭制度，主张选拔贤才担任国家的重要职务。"官无常贵，而民无终贱，有能则举之，无能则下之"，即使是"虽在农与工肆之人"，也一样要"有能则举之"。这样的见解，是反映了战国时代普遍的要求的。

在商鞅变法之前，其他一些国家所进行的变法也有重定尊卑的内容。例如，魏国的李悝变法，即"食有劳而禄有功"，提高对国家有贡献者的社会地位。吴起在楚国变法，针对"大臣太重，封君太众"的问题，对"封君之子孙三世而收爵禄"，以此

第四章 首次变法

来限制贵族的特权和利益。战国时期十分活跃的"士",就是在这样的背景下纷纷登上历史舞台并发挥重要作用的。这些"士"中的相当一部分人,原来地位很低,是被贵族社会所轻视和排斥的。但是随着社会阶级结构的变化以及随之而来的观念的改变,"士"成为社会上引人注目的一群,他们以自己的能力赢得了地位和进一步发展的机会。他们中涌现出了诸如鲁仲连、毛遂等许多著名人物,他们在当时的名气甚至比许多国君都要显赫,更不要说与那些早已没落的贵族相比了。

重定尊卑的指导思想是确立有效的激励机制,改变那种以人的身份(通常由世袭而得)序贵贱的做法,而代之以论耕战之功,论个人对国家的贡献,这在商鞅看来,是"故爵禄之所道,存亡之机也"(《商君书·错法》),关系到国家强弱存亡的根本。在商鞅看来,最高统治者一定要充分认识爵禄这一类东西对于人的刺激作用。为了调动人的积极性,必须认识人的本性。人的本性之一,就是有追求、有功利之心。没有这些,就算不得正常的社会人了。"是以明君之使其民也,使必尽力以规其功,功立而富贵随之,无私德也,故教流成。"(《商君书·错法》)爵禄是统治者手中的筹码,如何用好这些筹码,关系很大,这可以说是一门艺术。"夫人情好爵禄而恶刑罚,人君设二者而以御民之志,

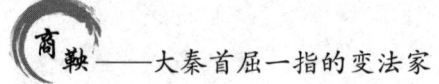

而立所欲焉。"(《商君书·错法》)

商鞅的赏罚，侧重于"农""战"这两项。"所谓壹赏者，利禄官爵抟出于兵，无有异施也。"(《商君书·赏刑》)这就是宣扬在全国范围、在所有社会成员中实行统一的赏罚标准。"功立而富贵随之"是商鞅以功利为导向的指导思想。"然富贵之门，要存战而已矣。"(《商君书·赏刑》)是指要让战者践富贵之门，不如此，就无法致富成贵。

商鞅变法前秦国的贵族势力与东方六国相较，还是比较弱的。但既是贵族，也还是享受着一定的特权，他们有名册在宫中，代代登禄，享有各种优待。当然，具体情况并不清楚，但《韩非子》一书中的《奸劫弑臣》一篇中是有所透露的，那就是"无功可以得尊显"，这就说明，秦国的贵族和六国的贵族一样，也是有特权的。

针对"无功可以得尊显"，商鞅规定："宗室非有军功论，不得为属籍。明尊卑爵秩等级，各以差次名田宅、臣妾，衣服以家次。有功者显荣，无功者虽富无所芬华。"(《史记·商君列传》)这真是把贵族的基本特权都给取消了。宗室成员，若无军功，就不能再在贵族名册上登记，也就是说算不得贵族了。在《商君书·垦令》中还提出，对于所谓"余子"即贵族嫡长子以外的其

第四章　首次变法

余的儿子,也要剥夺他们的特权,同样让他们承担徭役,让他们务农;对那些"禄厚而税多"的贵族,要让他们务农而自食其力。

商鞅变法,就是对一切社会成员重新确定等级、尊卑秩序,有功劳于国家的,就享有尊荣,否则虽然可以是富人,但不被视为光荣者。占有田宅、臣妾,穿戴服饰,都按新的等级,不能随意。在《商君书·境内》中甚至有这样细致的规定:"小夫死,以上至大夫,其官级一等,其墓树级一树。"连死人墓上可以种多少棵树,也是有具体规定、体现等级制度的。

由此可见,商鞅并不是取消等级制度,而是强化了等级制度,按照他的政治目标改造了旧的等级制度,在社会成员中重定尊卑。重定的原则不是看以往的地位,而是看对国家是否有贡献,依此让贵者贱之,贱者贵之。商鞅变法,贵族还是有的,但"贵族"的概念更新了,"贵者"的内涵变化了。

这一变,在当时产生了巨大的动力,推动千千万万人为改变自己的地位而奋斗。在商鞅看来,为了得到爵位、田宅、臣妾,为了由贱而贵、在人之上,战士会奋勇杀敌,农民会勉力耕作。应当说,他的这一估计是符合实际的。人的积极性、社会成员中蕴藏的巨大能量,被他调动起来了,秦国社会也像一架巨大的机器,真的被他发动起来了。

这一变,农民有了积极性。他们依靠努力耕种,可以自足温饱,而且还可能由于多向国家提供粮食而得以晋升爵位,改变自己的社会地位。

这一变,战士有了杀敌的勇气和胆量。他们可以通过奋勇杀敌,获得赏赐,加爵封官。

这一变,深刻影响了以后两千多年的中国历史。商鞅变法以后的中国社会,社会各阶级的划分相对稳定,而社会成员在各阶级之间又是频繁更替的。贵者而贱,贱者而贵的事是经常发生的。

商鞅这一切设计,都源于他对"民之性"的认识。他认为:"民之生,度而取长,称而取重,权而索利。"(《商君书·算地》)对此三者,明君必须慎观善用。他还说:"民生则计利,死则虑名。"(《商君书·算地》)人所想、所追求的,不外名、利两端。"名利之所凑,则民道之。"商鞅把"主操名利之柄而能致功名者"看作"数"和"术",也就是驱动利益、调动人的积极性的杠杆。商鞅的思想和政策正是建立在充分考虑人们的欲望的基础之上的。

商鞅变法时期,农民、战士是生活在激励和希望之中的,但也有一些人是生活在严重的压抑状态下的，他们没有从这重新改变社会秩序的重大变革中得到好处，反而地位下降了。一类是旧贵族，这不消多说。他们原来的传统优势和世袭特权被取消或缩小了，如果他们对国家没有新的贡献，则有可能成为普通百姓，甚至连普通百姓都不如。还有就是那些被商鞅看作对社会无益、有害的人，这类人主要是商人和知识分子。商人的经营受到严重限制，在社会上处于被歧视的"贱民"状态，但一个社会不可能完全禁绝商业，就拿商鞅所禁的旅店业来说，也还是有人在经营。不管怎么说，在秦国社会中，一般商人的地位是最低的。知识分子在那个时代是很少的。商鞅把知识分子比作"虱子"，想方设法不让知识分子有生路，严格限制他们。

四、民为什伍

商鞅变法，特别注重对社会加强控制，尤其是加强国家政权对社会基层的控制。只有有效地控制全部社会力量，才能按照国家的目标运用这强大的力量。而要能有效地控制社会力量，国家政权必须把它统治的触角深入到社会的每一个角落。

国家要强大，必须把分散的社会力量集中起来，必须能够有效地控制整个社会。可以说，从商鞅变法的时代开始，国家政权就和氏族家长制的社会分散力量进行着艰苦而长期的斗争。

　　社会最基层的单位是家庭。因此，要控制每一个人，就要设法控制每一个家庭。控制人口的基本手段是登记名籍。《商君书·境内》篇中就作了明确的规定："四境之内，丈夫女子皆有名于上，生者著，死者削。"由此可见，对于人的控制，涉及国境之内的每一个人，因为每一个人都对国家有用。男子如此，女子也是如此。对每一个人都要加以登记，以便掌握，以便管理。但如果某人已经死去，那就要及时"削籍"即从户籍中注销，以免造成不必要的混乱。为什么要这样做呢？商鞅一派的理论依据是十分充分的，这就是《商君书·去强》篇中所说的："举民众口数，生者著，死者削。民不逃粟，野无荒草，则国富，国富者强。"原来，控制人口的主要目的或者说直接目的是经济，就是把国内所有的人力资源充分开发出来，用于发展农业生产，生产尽可能多的粮食，为国家的强大奠定坚实的物质基础。

　　《商君书》的有关规定，在《秦律》中也得到了充分的反映。《秦律杂抄》中有云："有为故秦人出，削籍，上造以上为鬼薪，公士以下刑为城旦。"这条律文抄自《秦律》的《游士律》，是一条有关户口管理强制措施的法律。律文说，有帮助秦人逃出国境或者是设法销去户口上的名籍的，就要加以严惩：有上造以上爵

第四章 首次变法

位的,要处以"鬼薪"这一刑罚,公士以下爵位的,则处以"城旦"这一刑罚。

商鞅规定"民无得擅徙",这样做的考虑是多方面的,基本上是三条:一是为了让民安心生产,不在外跑而花了心;二是便于剥削,如果农民动不动就离开,该上哪儿去找?三是不让农民在迁徙中找到其他的生活来源,只好一心务农。

中国向来实行的非常严格的户籍登记和管理制度,至少在战国时期就建立起来了。此后,历朝历代,奉行不替。户籍管理是历代政府的重要职能。除了对人口的登记管理外,还要进一步把家庭、个人有效地组织起来。商鞅下令,把居民按伍、什两级组织起来,五家为伍,十家为什,伍设有伍长,什设有什长,各自负责。同伍同什之人实行连保,一家犯罪,其余各家也要负连带责任,受到追究。这就是"令民为什伍",这是商鞅在变法中推行的第一批政令之一。按照法令,"令民为什伍,而相牧司连坐。不告奸者腰斩,告奸者与斩敌首同赏,匿奸者与降敌同罚"(《史记·商君列传》)。把居民按照一定的组织编制起来,是十分古老的办法,并不完全始于商鞅变法之时。在商鞅变法前,秦献公十年(前375),也曾下令"为户籍相伍"。但商鞅对于这种制度又有了进一步的发展,使之更加广泛而有效。他把原来军队中的编

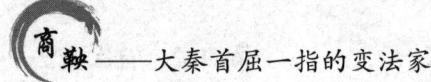商鞅——大秦首屈一指的变法家

制制度搬到民间，把百姓按照军事制度编制起来。一家犯法，五家株连；一户有罪，一什俱罚。尤为残酷的是，如果同一什伍内的民户不"告奸"，那就要处以腰斩之极刑。

第五章
风云际会

一、与魏会盟

秦孝公七年（前355），正当秦国的变法进行得轰轰烈烈时，魏惠王派使者来到秦国，向秦孝公传递了一个令他不明就里的消息——魏惠王希望和他举行一次双边会晤。

秦孝公摸不着头脑，这些年来，中原各国历来的聚会从不邀请秦国参加。魏惠王此人心高气傲，别说是秦国了，其他国家他又何曾放在眼里过？他竟会放下身段，主动向当时弱小、破败、贫穷的秦国示好？秦孝公没想明白，商鞅却一下子就看出了端倪。

商鞅向秦孝公详细剖析了当下的局势，认为魏惠王实则有意与秦国构建双边友好关系，并意图重塑政治秩序。商鞅指出，魏国昔日的发展方向是西方与东北。魏国向西占领了秦国的河西之地，向东灭掉了中山国。然而，自魏惠王迁都大梁后，魏国的战略方向发生了转变，将重心放在了中原争霸上。近年来，魏国对秦国的侵略行为明显减少。特别是魏惠王任命龙贾为河西地区军

第五章　风云际会

事长官，这明显透露出其无意与秦国交战的态度。秦孝公对此表示赞同，认为龙贾上任后修筑长城，将魏国的战略进攻转变为战略防守，这一变化显而易见。商鞅进一步推测，魏惠王可能要在中原地区有大动作。事实上，魏惠王确实准备攻打赵国。

自春秋末年晋国被韩、赵、魏三国瓜分后，三国的关系一直很紧密。然而，这一和谐局面在魏武侯二十六年（前370）被打破。这一年，魏武侯去世，未立继承人，导致魏惠王与公子缓为争夺国君之位展开激战。此时，公孙颀出现，他游说赵成侯与韩懿侯趁机攻打魏国。最终，韩、赵两国联手在浊泽击败了魏国军队，包围了魏惠王。但韩懿侯与赵成侯在后续的战略上产生分歧，导致两国撤军。魏惠王趁机重整旗鼓，打败公子缓，登上国君之位。

此后，魏惠王对韩、赵两国怀恨在心，一直寻求报复机会。数年后，魏惠王击败韩国军队，并迫使韩昭侯签订屈辱条约。而他对赵国的仇恨更深，因为赵国曾计划灭掉他。因此，魏惠王一直密切关注赵国动态，准备伺机反击。同时，赵成侯在国内整顿吏治、兴修水利、发展农业，并努力与魏国之外的大国保持良好关系，以应对可能的困境。

魏惠王注意到了赵国的这些举动，因此他试图与秦国建立友好关系，以减少攻打赵国时的后顾之忧。他希望在与赵国交战时，秦国能保持中立。正式的说辞是，魏、秦两国地理位置相近，魏国秉持与邻为善的原则，希望与秦孝公会晤。秦国当时正致力于经济发展，因此对魏国的提议欣然接受。于是，秦孝公七年（前355），在商鞅的陪同下，秦孝公与魏惠王在杜平（今陕西澄城县境）会盟，双方称将加强互助。

此次秦魏会盟具有历史意义，它标志着中原诸国开始与秦国建立联系，秦国也得以在群雄逐鹿中崭露头角。然而，注重现实利益的商鞅认为盟约只是麻痹对方的手段，不应束缚原本的行动。因此，他抓住一切有利时机，不顾盟约采取行动。

二、乘人之危

商鞅关注的一直都是秦国的实际利益。秦孝公七年（前355）杜平会盟后，魏惠王着手准备攻打赵国。赵国却未察觉危险临近，正计划攻打卫国。赵国曾因与楚国相距遥远，在瓜分晋国的战争中未获利，转而与楚国结盟并攻打卫国。魏国因此出兵反击赵国，卫国也趁机攻占赵国领土。楚国也加入战局，攻打魏国，最终赵楚联盟获胜。几年后，赵国多次进攻卫国，魏国未予援助，卫国国力渐弱，最终成为魏国的附属国。

第五章　风云际会

魏惠王十四年（前356），赵卫战争爆发，卫国迅速败退，向魏国求救。魏惠王虽对卫国失望，却以此为由准备攻打赵国。魏国迅速完成战争准备，并邀请宋国参战。宋国虽不愿得罪赵国，但在魏国压力下被迫同意。为避免直接冲突，赵国建议宋国佯攻，拖延时间，宋国采纳了这一建议。

魏惠王十六年（前354），魏国侵袭赵国，导致赵国遭受重创，被迫撤回攻卫军队，转而采取守势。魏惠王未止步，指挥魏、宋、卫联军围困赵都邯郸。赵成侯焦虑不已，后经臣下提醒，决定向外求援。赵国使者首访韩国，但韩相申不害鉴于韩国目前正处于变法初期，内政繁忙，便婉言谢绝了赵国的求援。

随后，赵国使者转向楚国。楚宣王召集大臣商议，楚相昭奚恤倾向于助魏攻赵，认为此举有利无害。然而，大将军景舍提出异议，他认为魏国在攻打赵国的同时，会警惕楚国背后的威胁。若楚国不救赵而助魏，赵国可能求和并联手魏国对抗楚国。景舍建议，楚国应出兵救赵，但仅派出小规模兵力，以此激励赵国抵抗魏国，同时减轻魏国对楚国的戒备。这将导致魏赵双方陷入持久战，为其他国家提供干预机会。楚宣王于是采纳了景舍的策略。

赵国使者最后前往齐国。齐威王召开紧急会议，齐相邹忌主张不救赵,以免与强大的魏国为敌。大臣段干纶不同意邹忌的意见,他认为不救赵对齐国更不利。段干纶反问:"如果我们袖手旁观,眼睁睁地看着魏国攻破邯郸,请问大王,齐国又能得到什么好处?魏国本来就已经是天下第一强国,等到他们攻破邯郸之后,就会强上加强。作为我们的西方邻国,大王您是希望它越来越强大呢,还是越来越弱小呢?"以善于纳谏和励志图强而名留史册的齐威王把手一摆说:"你不用说了,立即发兵救赵国,向邯郸进发!""大王且慢!"段干纶急切地阻拦说,"魏国打赵国,我们怎能白白替赵国扛?我们需要考虑,进军邯郸能使齐国的利益最大化吗?绝对不能。他们愿打就让他们打去吧。我们不如挥兵南下,进攻魏国的襄陵,使魏军两线作战。如果魏军攻破邯郸,我军就趁其疲惫之机发动进攻,削弱其实力。通过这种方式,让赵国和魏国都衰落了,天下第一自然就是我们齐国了。"齐威王听从了段干纶的意见,出兵南下襄陵。

  赵国原本认为韩、楚、齐三国都会帮助他。结果,韩国保持了中立,楚国和齐国虽然出兵,却打着各自的算盘。没有一个国家真正替赵国考虑,赵成侯的心里一阵酸楚。

  其实,也并不是每一个国家都像韩、楚、齐那样不仗义。有一个国家就表现得与众不同,尽管赵国没有向他们求援,他们却

第五章　风云际会

主动伸出了援助之手。赵国之所以没向这个国家求救,是因为赵国认为这个国家根本帮不上自己的忙。帮忙是要讲能力的,否则就很有可能越帮越忙、越帮越乱。还有一个原因是,这个国家已经很少参与到中原地区的事务中来,以至于人们仿佛忘记了它的存在。这个混得不怎么样的国家,无疑就是秦国。

其实,中原地区的人们多多少少有点小看了秦国。此时的秦国虽然变法时间还不长,一些措施的成效还没有体现出来,但还是有一些明显的改变的。比如:街头四处游荡、寻衅滋事、惹是生非的人少了;官吏们的办事效率提高了,要求当天处理的事情基本上能做到"当日事当日毕";投机倒把、买贱卖贵的商人大为减少,追求奢侈享受的贵族也收敛了许多;土地开垦的数量逐步增加,农民们不再天天埋怨,辛勤耕作的自觉性和自愿性大大提高,对农业的发展充满了希望。看着日子一天天好起来,变法似乎也走上了正轨。就在这时,传来了魏国围攻赵国都城邯郸的消息。

秦孝公召来商鞅问道:"是不是趁着魏国在东面作战的机会,我们在西边也发起进攻?"商鞅说:"大王的眼光比臣等高明多了。这确实是个打仗的好机会,我们可以借此检验一下变法的效果。"就这样,君臣二人想到了一块儿。不用赵国求援,秦国主动卷入了战争。而且,商鞅还主动要求亲自带兵去攻打魏国。

"左庶长勇气可嘉。可你带过兵、打过仗吗?"秦孝公对商鞅指挥作战的能力还是有些不放心,领兵打仗毕竟不是儿戏,弄不好是要掉脑袋甚至灭国的。商鞅道:"臣注意到,魏国的地形颇似一个马蹄。魏国的故都安邑在这一马蹄的西部,而这一马蹄的东部还有很大一块领土,中间则隔着大片韩国的土地。这就使魏国不得不两边兼顾,力不从心。特别是它的河西之地,更有首尾难顾之感。为此,魏国还在秦国与河西之间修起了长城。这固然增加了我们夺回河西的困难,但这也说明了魏国对河西的不放心。因此,臣想从河西北端的少梁下手。这里也是魏国长城的北端,并在长城之外,攻取不难。"秦孝公觉得商鞅的分析有理有据,便问:"左庶长需要多少军队?""一万。""好!寡人调两万步军,全部交给你指挥。"当时的秦国除有上、中、下三支车兵之外,还新建了完全由步卒组成的步军。

次日,商鞅立即召集部将们研究作战方案。他说:"秦、魏两国国力是有差距,但这差距并非不可弥补。两国已多年未曾交战,去年大王还与魏王在杜平会盟,魏国又有两国边界上的长城为屏障,所以,魏国对我们应当是没有戒备之心的。如果我们对他们发起突然袭击,我认为取胜的把握还是很大的。但这一仗具

第五章　风云际会

体怎样打,还望各位将军多出主意。"商鞅见无人发言,又说道:"我要事先申明,我的命令,任何人都不得违抗。违者,立斩不赦!"接着,商鞅把话转入正题:"魏国修长城,却把少梁留在城外。本意显然是为了方便对我秦国土地的蚕食,并把长城作为它的依托。我军今夜出发,为了保密,夜行日休,总计要三天才能赶到少梁附近。我亲率一万步卒连夜在城下布阵,切断少梁与长城内部魏军的联系,然后举火为号,天亮前攻城。诸位将军,可有什么意见?"几位部将以为商鞅这些部署,只不过是纸上谈兵,想看他的笑话,便仍旧缄口不言。

商鞅再次重申:"违令立斩!现在,我命令,我军今夜开始急行,直奔少梁。二百五十里路,要在三个夜间走完。任何人不得走漏消息,否则立斩。在战场上不听命令者,立斩。杀敌者,割下左耳记功,每杀一敌,晋爵一级;生擒者同赏。凡下跪投降之敌,不得斩杀。还有,今夜出发前,各部要准备好一天的熟食,由士卒自己携带。"商鞅拿出令箭,一字一句地下达了命令。第三天凌晨,商鞅率军来到距少梁只有二十里的地方,命令道:"各部就地休息,不得有声,不得举火,以熟食充饥。"当天入夜,商鞅在自己的车上挂起"帅"字大旗,亲自率万人顺着魏国长城包围少梁的南面,并切断了少梁守军退路。

午夜时分，商鞅令士兵燃起一堆篝火。同时，又命数十名步卒抱着一根一尺粗、两丈长的大圆木撞击城门。魏国对秦国还真是没有防备，只在少梁城留下七百名守军。除把守城门的两名士卒杀掉之外，其余魏军共七百人已全部投降，另外还有几个军官的家小也一起当了俘虏。

经少梁一战，几位部将对商鞅的看法有了点变化。一是觉得，这个人的官爵虽低，却是变法的主导者，应当还是有点真本事的。二是他先前的分析确实符合事实。此人打仗究竟行不行，还要经实践验证，但至少战略眼光还是有的。

三、收回河西

在商鞅的突袭下，魏国遭受了损失。但魏国并未善罢甘休，随即展开了反攻。秦孝公对秦国的军事胜利深感振奋，对变法的成效也有了更深刻的认识。商鞅对此感到欣喜，但他并未满足，看到魏国正忙于与赵国交战并阻挡齐军，他再次发现了机会。商鞅向秦孝公提议再次攻打魏国，目标是深入魏国腹地，直捣安邑。虽然部分将领对安邑的防御表示担忧，但商鞅认为魏国迁都大梁后，安邑的守备必然松弛，且魏军主力被吸引到长城一线，腹地空虚，可以出其不意地发动攻击。

第五章　风云际会

商鞅制订了详细的作战计划，他命一名将领率车兵在魏国长城外侧制造声势，吸引魏军注意，而他自己则率领步卒悄悄从曲沃渡河，直指安邑。秦军经过几夜的行军后，成功渡过门水河，冒着雨雪急行，最终悄然出现在离安邑不到五十里的地方。由于魏军主力大多驻扎在河西，安邑守军数量有限，且被另一支的部队所吸引，当秦军逼近时，魏将惊愕不已，只好立即向魏王禀报。魏惠王在安邑，得知秦军兵临城下后，被迫下令撤退。

左庶长商鞅率领两万步兵，成功攻克魏国故都安邑，一举收复被魏国强占多年的河西地区，为秦国版图的恢复作出了巨大贡献。秦孝公决定赏赐商鞅五百金，副将及以下官员也各有奖赏。秦孝公喜形于色地宣布，为庆祝这一胜利，将宴请所有文臣武将。

宴会上，气氛热烈，觥筹交错。商鞅胆识过人，成功夺取了安邑。更令人惊奇的是，他们在安邑尚未站稳脚跟，就遭遇了三支魏军共六七万人的围攻。但商鞅神机妙算，成功将其击退。随后，他们抄近路赶往临晋，利用魏军河西守军已调至河东的机会，顺利渡河并歼灭河西残军，最终收复河西。秦孝公对商鞅的声东击西之计大加赞赏，并指出此次战役歼灭敌军三千余人，自身损失仅数百人，实为可喜可贺。在众人的欢呼声中，商鞅起身，呼吁大家继续励精图治，使秦国更加强大。

四、再次结盟

正当商鞅团队沉浸在庆功的喜悦中时，魏国已悄然发起反击。魏国实力不容小觑。先前秦国之所以能攻占少梁等地，得益于魏国正忙于与赵国的冲突，无暇应对。而商鞅偷袭安邑时，魏国一方面准备不足，另一方面因齐国进攻襄陵而将主力调往前线，再次让秦国得逞。

庞涓指挥的魏军在襄陵与齐国几经交锋，最终得胜。与此同时，楚国军队在景舍带领下，虽名义上是援助赵国，实则行动迟缓，更像旁观者。见魏国即将获胜，为维持战略平衡，楚国以调停之名，促使魏齐和解。鉴于与赵国的战争未结，秦国又不断骚扰少梁等地，魏惠王虽心有不甘，但仍接受了楚国的提议。赵国因此孤立无援，面对强大的魏国，赵成侯不得不签订城下之盟，承认魏国的主导地位，并退还所占卫国领土。魏赵关系恢复后，秦国的处境变得岌岌可危。

魏惠王对秦国在安邑的挑衅行为感到极为愤怒，处理好与赵、齐关系后，立即率军反击秦国。魏军势不可当，迅速击败秦军，包围定阳（今陕西延安市东南）。此时，秦国在军事和政治

第五章 风云际会

上均远非魏国对手。尽管秦国曾两次成功偷袭魏国，但实力相差悬殊，秦国深感恐慌。

秦孝公紧急向商鞅咨询对策，商鞅直言定阳失守只是时间问题，关键在于魏国的后续动作。秦孝公担忧魏国不会就此罢休，商鞅同意其看法，并提出向魏国求和的建议。魏国虽对前期秦国的偷袭行为感到愤怒，但考虑到与诸国的长期争夺已使其元气大伤，只能暂时隐忍，条件是秦国归还所有侵占的魏国领土，包括河西。秦孝公十二年（前350），秦孝公与魏惠王在彤地会晤，再次确认了盟友关系，两国冲突暂时平息。

第六章
二次变法

一、迁都咸阳

秦孝公十二年（前350），距离第一次变法（前356）约六年后，商鞅在秦孝公的支持下开始推行第二次变法。第二次变法的过程中，商鞅把秦国的都城迁到咸阳（今陕西咸阳市东北窑店镇附近），有利于在全国范围内实行更加彻底而有效的中央集权制度。

秦国的都城，曾有过数度迁徙。在一个较长的时期中，秦定都于雍城。秦献公时，把都城迁到了栎阳。栎阳较之雍城，向东移了好几百里。这显然是有利于秦国与东方各国的抗衡和它的东扩的。但定都栎阳也有明显的缺点，主要是它所在的地理位置显得比较局促。

秦孝公十二年（前350），在商鞅的主持下，秦国迁都于咸阳。秦的这一新都，北依高原，南临渭水，水陆交通便利，对欲向东扩展的秦国来说，是十分理想的政治军事指挥中心。清代著名学者顾祖禹在其《读史方舆纪要》一书中，称其为"据天下之

第六章 二次变法

上游，制天下之命者也"，充分肯定它在战略上的重要性。

商鞅又负责监修咸阳宫，使之成为秦国新都的号令中心。咸阳宫到底如何，已经难以想象，但它能体现商鞅的变革作风，应是没有问题的。商鞅在咸阳建造了冀阙。冀阙是古代宫廷大门外公布法令的门阙，也是一种具有礼仪性质的建筑，是权力的象征、国家威严的体现。商鞅把冀阙视为他贯彻新法的象征，因此，对于建造冀阙一事很重视。

迁入新都后，秦人均有万象更新之感，秦国统治集团也加紧了变法的步伐，进一步有力地推动富国强兵的事业。在这一过程中，中央集权制度也进一步强化了。加强中央集权的一个最重要的措施是把秦国境内的各乡合并成县，由中央直接领导县。县，是春秋时期就已开始出现的行政单位。古时，称邦畿千里之地为县，后称王畿内之都邑为县。因此，县这一行政设置，是只有王室统治的中心地区才能设置的。然而到了春秋时期，诸侯境内之地也有称县的了。春秋时期，多数诸侯国均已有县，县的长官称呼不一，有的称宰，有的称令，也有的称公、大夫之类的，其实是相同的。除了县以外，还有郡，县比郡的地位要高。县是人口较多，较为繁荣、富庶之地，而郡则是边缘广大地区。秦国境内，原来有很多的乡，还有邑、聚这一类相当于乡的行政单位。

县,有些地方有,有些地方没有,很不整齐、规则。国君对地方的治理,过问得也很少,各地实际上处于半独立的姿态。这样低水平的行政系统,是极不利于推行改革的。

商鞅把当时秦国境内的乡合并成为四十一个县,县下辖若干乡、邑、聚。那时秦国也有郡,但地位还不突出,地方行政体制还是以县为主。县直属于中央政府,县的长官是令,县令的副手是丞,都由国君直接任免,实行流动制。县级政府要服从中央政府的统一政令,要经常向中央政府报告工作。"百县之制一形"(《商君书·垦令》),全国实行统一的体制和政令。

总之,秦国在商鞅的主持下,建立起强有力的中央行政体制。这在当时还局限于秦国的范围之内,到秦始皇统一中国之时,就把这一制度推行到全国。在中央集权的体制下,十分注重各方面的整齐统一。中央集权制度的优越性是十分明显的。这一制度可以使中央政府拥有很高的权威,可以把它所确定的方针政策有力而有效地推行到全国,可以调动和集中全国的力量,投入某项事业和建设。秦国之所以强大,最重要的原因就是实行了中央集权制度。

战国时期,各大国都实行过变法,也都建立起中央集权制度,但都不如秦国彻底。齐国和楚国也是战国时期的大国,也有

第六章 二次变法

较强大的国力,但它们都没有像秦国那样政行令通,把全国的力量"抟"在一起。因此,后来它们都没能保持住自己的优势,并终于衰落下去。历史发展表明,秦国的商鞅变法大力推动和积极实行的中央集权制度,对于秦国的强大是起了决定性的作用的。

二、移风易俗

在第二阶段的变法中,商鞅更加意识到移风易俗的重要,也进一步加强了这方面的措施。其实,秦孝公早就提出"更礼以教百姓"(《商君书·更法》),这也包含移风易俗的内容,因为促使秦孝公决心变法的动因之一,就是东方各国对秦国以"夷翟遇之",秦孝公要变法,自然要向东方各国学习、靠拢。

在古代,由于地理阻隔,各地封闭状况严重,因此风俗差异很大,故有"百里不同风,千里不同俗"之说。秦人偏在西陲,故春秋战国时期关东六国的人们常以"蛮夷"视之。甚至到秦汉时期,还有余波。《史记·天官书》中说:"秦、楚、吴、越,夷狄也,为强伯。"何为"蛮夷"?中国古代,在中原地区生活的居民,常把生活在南方的民族称为"蛮",生活在东方的民族称为"夷",生活在西方的民族称为"戎",生活在北方的民族称为"狄"(或作"翟")。区别于中原华夏"蛮夷"的标志,包括语言、生活习惯等与人们社会生活相关的内容。比如,服饰。孔子有一句名言:"微管仲,吾其被发左衽矣。"大意为如果不是管仲的作用和功绩,中原地区的人们就要像边缘地区的民族一样,披着头发,穿左衽的衣服了。在孔子看来,披发还是束发,左衽还是右衽,都不是生活上微小的无关重要的区别,而是事关重大。

关于秦人的风俗,古人也有一些描述,如《管子·水地》中说:"秦之水泔最而稽,淤滞而杂,故其民贪戾罔而好事。"汉代人也有论及秦人风俗之语。王充在《论衡·率性篇》中就说:"齐舒缓,秦慢易,楚促急,燕戆投。"比较了各地区的不同风习,"秦慢易"是说秦人的性格比较沉稳,不易激动,不喜蛮干。看来,秦人和齐人、燕人的习性比较接近,而与楚人存在较大的差异。

古人用"风俗"这个词,有时也指一定时期在一定地区内的社会风气。当然,社会风气和习俗有密切关系,但社会风气一般指较短的时期内的崇尚和喜好,风俗却是一定的历史传统长期沉淀的结果。

商鞅是这样看待秦国的风俗的:"始秦戎翟之教,父子无别,同室而居。"(《史记·商君列传》)而他的改革则是:"今我更制其教,而为其男女之别。"(《史记·商君列传》)其实,"男女之

第六章　二次变法

别",是人类两性关系史中的产物。在原始社会的早期,人类是不懂得必要的"男女之别"的,也没有文明的婚姻礼仪。随着原始社会的解体,产生了一夫一妻制的固定婚姻和个体家庭,"男女之别"就伴随着私有制、男性对女性的压迫和奴役等特征而日益强化了。

秦人的"风俗"与关东六国有何重大区别,因而被以夷狄视之?这在史载中是并不完整清楚的。概括而言,秦人的畜牧业较为发达,不像东方各国主要甚至完全依靠农业为生。如此,秦人就和夷狄接近而和中原相异了。更重要的似乎还不在这里,而在家庭、家族关系中。商鞅变法之前,秦国还长期保持着大家庭制度,所谓"父子无别,同室而居"之类,即是指此。显然,这是由于生产力和文化发展的进程缓慢,因而秦人氏族制度分化瓦解得很不彻底的表现。商鞅第二次变法时,在政令中强调要改变这一现象。其主要措施是鼓励民众分家,不允许继续保持大家庭,大家庭必须分小。

商鞅在秦国实行战时军事制度,重农战,禁浮淫,倡导一种朴实、刻苦、不事修饰的作风,对社会风气有很大的规范作用。在《垦草令》中,他提出要使"声服无通于百县",禁止淫声异服的流行,不使社会风气向追求享受的方向发展。他还设想通过

"贵酒肉之价，重其租"来制止饮食方面的奢侈浪费。这也是针对社会风气的措施。

商鞅在秦国的移风易俗，收到了显著的成效，产生了长久的影响。秦昭王时，荀子到秦国去了一次，并发表了他的观感。他说："入境，观其风俗，其百姓朴，其声乐不流污，其服不挑，甚畏有司而顺，古之民也。"荀子对于他在秦国所看到的一切，是感到满意的。

商鞅移风易俗所做的事情很多。例如，严禁私斗，就是其中的重要内容。在商鞅变法之前，秦国存在严重的私斗现象。私斗，可以发生在个人之间，为了一些利益或其他的纠纷而发生斗殴乃至伤害。但这里所说的私斗，主要是指大家族之间的群斗。由于秦国家庭分化不彻底，大家族的族长有号召力，于是极易挑起家族之间大规模的械斗，这是任何法治社会所不允许发生的。秦国要从政治上加强国家的控制力，必须严禁此类私斗。不如此，也无法在国内形成团结的气氛，必将因为经常发生的私斗而无谓地消耗大量的生命和精力，给国家造成不可估量的损伤。不准私斗，是为了让人民把全部精力投入到富国强兵的事业中去。秦人向有尚武轻文的习俗，这在商鞅变法中仍然保存了下来，这也是秦人习俗的基本特点之一。本来秦人就是在戎狄的包围中生

第六章 二次变法

存下来和发展起来的,严酷的环境锻炼了秦人的意志,也促使他们尚武好勇。尚武好勇,对于极力谋求富国强兵的商鞅来说,自然是有两面性的,用于私斗,不好;用于为国,则正是商鞅需要并积极倡导鼓励的。

总之,商鞅在秦国整顿风俗,采取了多种措施,所取得的效果显得很复杂。从积极的方面讲,是对社会结构和社会风尚进行改造,以适应他变法的政治需要,把家庭分小,严格家庭伦理秩序,严禁私斗,都是有利于国家对社会的控制和对社会力量的调集的。另一方面,商鞅又把一些与人情违背的做法借助行政力量推行到全社会,出现了秦国社会只认物质经济利益、人际关系淡漠等变化,这受到儒家的抨击。当然,从当时历史条件来看,社会发展的主方向还是要求强化国家对社会的控制,只有这样才能克服分散性,推动历史的进步。在这种力量面前,那种原始的道德纯美的失落,也是难以避免的。

虽然商鞅十分重视移风易俗,但在《商君书·算地》中也提到"观俗立法":"观俗立法则治,察国事本则宜。"看来,商鞅在进行这方面的改革时,并没有忽视从秦国的实际出发。

三、废井田开阡陌

改革田制即土地制度，是商鞅在第二次变法中出台的重大措施。历代的人们说井田制，是依据《孟子·滕文公上》所述："方里而井，井九百亩，其中为公田。八家皆私百亩，同养公田，公事毕，然后敢治私事，所以别野人也。"商鞅以前，秦国到底行何种土地制度，人们的看法不尽相同。西汉人董仲舒说："至秦则不然，用商鞅之法，改帝王之制，除井田，民得卖买。"这段话向来极受重视，但其内容是否完全属实，已很难考定。直至今日，无论是说秦国存在过井田制，还是没有存在过井田制，都还是缺乏足够证据的，因而是不可靠的。即使秦国确实存在过井田制，那也很可能是在古老的村社中、在家族共耕的生产方式下，小家庭拥有小块土地的状况。由于土地的私有化程度不高，农民对于开垦荒地和充分利用土地发展生产的积极性不高，社会的分化也很不够。这样原始的土地所有关系，必然决定着一种落后的生产方式，在这一经济地基上，要想发展农业是很难的。这正是商鞅要改革土地所有制的原因。

《史记·商君列传》中，关于土地制度的改革，只有一句话："坏井田，开阡陌。"从字面上看，就是废除井田制，实行新的土

第六章 二次变法

地制度。但对于这段话,历来就解释不一。如果不局限于字面的解释,更不卷入文字之争,应该说,对于商鞅的变革,还是不难理解的。"坏井田"就是打破私有化尚未彻底、已经成为农业生产力进一步发展障碍的土地制度;"开阡陌"就是打通原来限制土地开垦和扩大耕作规模的田界。商鞅推行的新政策,重点就是把原来的田疆改变,承认人们对土地的私人占有。从理论上我们可以推知,这样一改,原来村社公有的土地全部变成小家庭的私有土地,这就促使土地私有制有了大发展。最重要的是,土地私有制从法律上为国家所认可,任何人都可以凭借一定的条件占有土地。当然,所有社会成员占有土地的状况,也出现了大分化。有的占有很多,有的则占有很少甚至根本就没有土地。自己没有土地或土地不足的人,就有可能租用他人所有的土地,土地所有者在这种租赁关系中获取地租,他们就成了地主。商鞅变法,依靠行政和法律手段在秦国造就出了地主阶级,这个阶级成为秦国的统治阶级。

春秋战国时期,各国实行土地制度变革的例子颇多。比较而言,秦国的改革不算早,但办法先进,实行得彻底。秦简中所载的法律条文,有不少是保护土地私有制的。如秦律中有"盗徙封,赎耐"的规定,其意即为如果私自移动土地的疆界,依法要处以"赎耐"刑罚，即犯法者必须交纳钱物，否则要处耐刑。

关于商鞅在秦国实行的土地制度方面的改革，还有在《汉书·地理志》中的一点材料，该志说："孝公用商君，制辕田，开仟佰，东雄诸侯。"颜师古注引用了张晏和孟康的话，对此进一步予以说明。张晏说："周制三年一易，以同美恶，商鞅始割列田地，开立阡陌，令民各有常制。"孟康认为："三年爰土易居，古制也，末世浸废。商鞅相秦，复立爰田，上田不易，中田一易，下田再易，爰自在其田，不复易居也。《食货志》曰'自爰其处而已'是也。"他们的意思是一样的，就是古时（"周制"）土地要定期交换，这称为"爰田"，商鞅改变田制后，土地私有权明确了，虽然也有轮作之制，形似以往的"爰田"，其实土地所有者只是在自己的土地上进行这种易换。商鞅在土地所有制方面所进行的改革，最重要的就是改变以往土地私有权不明确的制度，而代之以产权明晰、所有观念清楚的土地私有制。自商鞅变法以后，中国的土地制度就基本上确定下来了。

四、訾粟而税

在中国古代，"赋税"这一词语所表达的概念并不相同。赋，一般是指田赋；税，则指田赋以外的其他征收，如按人头征收的

第六章 二次变法

口税、向商人征收的商业营业税等。但在汉代,又通常以"赋"指"人头税",有"算赋""口赋"等。除了赋和税,还有"租",也含义不清。在古代,"赋税""租税""租赋"都是常见的相提并论的说法,其意含混,必须依具体情况确定。因此,关于中国古代的赋、税、租的具体内容要具体分析。

春秋时期,各国赋税制度改革中,最有典型意义的事例是鲁国于鲁宣公十五年(前594)实行的"初税亩"制度,这在史书中的记载非常简略,其意就是按亩征收赋税。这反映出当时鲁国的私田数量已经很多,而且土地的私人占有日益成为生产关系中的重要形式。按亩征税,其实也是国家对私人产权的公开确认。在《墨子·贵义》一篇中曾提到田租:"今农夫入其税于大人,大人为酒醴粢盛,以祭上帝鬼神,岂曰'贱人之所为'而不享哉?"这里所说的应是农民所缴纳的实物地租。秦国在秦简公七年(前408)才实行类似于"初税亩"的"初租禾"。秦孝公十四年(前348),秦国"初为赋",这是商鞅变法的一项主要内容。但是,此处之"赋"的具体含义是什么?历来也有不同的看法。有的说是指田地税,有的认为应是人头税。这要结合当时秦国的情况和商鞅改革的思想来分析。

商鞅曾有过"訾粟而税"的思想。"訾粟而税"是指根据粮食产量来收税。《商君书·去强》中还提到"民不逃粟","逃粟"即逃税,这主要也是指交纳实物的田税。商鞅时期,秦国征收的税收还有其他种类,除了向农民征收的税外,商鞅一律称之为"不农之征"(《商君书·外内》),他对此的政策是"不农之征必多",原因是要使社会成员最大限度地归于农业。既然他在土地制度方面的改革是进一步从法律上承认并保护土地私有制,对于多占土地者并不作限制,还予以鼓励。那么,他的税收改革,也应是多占土地者多出赋税,这应是没有问题的。

五、统一度量衡

《史记·商君列传》记载:商鞅"平斗桶,权衡丈尺"。为了在秦国建立起完备的度量衡制度,商鞅亲自督造了一批度量衡标准器,以统一秦国境内的度量衡制度。现藏于上海博物馆的青铜制"商鞅方升",为秦孝公十八年(前344)所制,无疑见证了这个制度。

战国时,度量衡不统一的现象非常普遍。在诸侯割据的国家,除了国君所颁布的"公量"外,不少卿大夫还设有"家量",造成度量衡极度混乱的现象。商鞅向尸佼提出疑问,关于之前发布的统一度量衡命令为何未能得到彻底执行,特别是各县的斛大

第六章 二次变法

小仍存在差异的问题。尸佼随即从柜中取出命令底稿，内容详细规定了度（长度单位）、量（容积单位）、衡（重量单位）的标准。商鞅在审阅后，意识到问题在于对各县度量衡器具的制造与校验监管不严，尸佼进一步建议，应制作一套标准的度量衡器具，并分发至全国各县以确保统一。

商鞅深以为然，并指出当前使用的木制度量衡器具存在易损坏与磨蚀的问题，长期下来会导致误差累积，因此提出使用铜材铸造标准器具的方案。随后，商鞅将此想法向秦孝公禀明，并得到了全力支持。在尸佼的协助下，商鞅通过对比各地收集的木升与自身保存的标准木升，重新制作了一个更为精确的标准木升。经过多次测试验证无误后，以此标准木升为原型，交由工匠精心铸造出了一个形状、大小完全一致的标准铜升。

恰逢此时，齐国派遣卿大夫组成的使团来访，秦孝公邀请商鞅陪同参观。商鞅借此机会将客人带至铸铜作坊，展示了正在进行最后修饰加工的铜升。齐国客人对铜升表现出浓厚的兴趣，并高度赞扬了秦国农业的发展成就。商鞅听后倍感欣慰，随即让工匠在铜升上刻字以作纪念。

事后，商鞅召见了一名相关官员，询问其对统一度量衡命令执行情况的了解。该官员坦言并不清楚具体情况，也未进行过相关调查。商鞅对此表示不满，并严肃指出缺乏标准度量衡器具是导致命令未能有效执行的关键原因。他责令该官员在半个月内，按照已生成的标准方升制作出斛、秤、尺各三十余件，并确保咸阳和各县都能分发到一套标准器具。同时，商鞅还强调器具的精确性是至关重要的。

此外，商鞅还奏请秦孝公同意，发布了一道命令，要求全国范围内无论是官用、商用还是家用的度量衡器具，都必须使用标准器具进行校验。对于不符合标准的器具，一律予以销毁。同时，新制的度量衡器具也必须在校验合格后才能投入使用。对于制造、保存和使用不合标准器具的人员，将依法追究责任。这一系列的举措不仅加强了度量衡的统一管理，也为秦国的经济发展和社会稳定奠定了坚实基础。

商鞅深刻认识到统一度量衡的重要性，对此极为重视。新县官上任时，他屡次强调："度量衡制度至关重要，务必严谨执行，定期检查，以防不轨之徒趁机作乱。"百余年后，秦孝公的六世孙秦始皇一统天下，再次推行度量衡统一，仍以商鞅所铸铜升作为标准。秦始皇特命人在铜升上铭文记载："廿六年，皇帝尽并兼天下诸侯，黔首大安，立号为皇帝。乃诏丞相状（隗状）、绾（王绾），法度量则不一，歉疑者，皆明一之。"

第七章
矢志不渝

一、马陵之战

魏惠王二十六年（前344），魏惠王在逢泽（今河南开封市东南）会盟自封为王，因韩国缺席而心生不满。两年后，他以此为借口，派遣太子申与庞涓领兵攻打韩国，意图消灭之。韩国难以抵挡，国都告急，遂遣使向齐国求援。时齐威王在位，面临救韩与否的抉择，齐威王召大臣共同商讨如何应对。邹忌主张不救，坐观韩魏相争；而段干纶等人力主出兵，以防魏国壮大后对齐构成威胁。孙膑则提出"虚实结合"之策：表面上答应救援以安韩心，实则待韩魏两败俱伤时再行动。齐威王采纳此策，命田忌、孙膑率军待机。

韩魏交战一段时间后，齐军依孙膑之计，未直接救韩，而是转而偷袭魏国都城大梁。魏将庞涓闻讯大怒，率部迎战。孙膑运用避实击虚之策，诱使庞涓不断追击。通过逐日减少营垒中的灶迹数量使庞涓误以为齐军士气低落、逃兵频现，追击更加急切。

最终，孙膑在马陵地区设伏。夜色中，庞涓率军快速前进，

第七章 矢志不渝

忽然被一棵粗壮的大树挡住去路,点燃火把,看见树上刻着几个大字——"庞涓死于此树下",庞涓大惊,但是已经来不及了,这时他们已陷入齐军重围。箭如雨下,庞涓自知难以逃脱,遂拔剑自刎。齐军乘胜追击,魏军全军覆灭,太子申亦被俘,此即著名的"马陵之战"。战后,魏国实力大损,失去中原霸主地位;而齐国则声威大增,孙膑也因此名垂青史。

二、再次出击

在孙膑与庞涓激战之际,秦国亦在紧锣密鼓地推进各项事务。落井下石也好,乘人之危也罢,此时商鞅看到伐魏的时机已经来临。只要有利于秦国的发展壮大,商鞅一定在所不辞。在伐魏问题上,秦国君臣大体已经达成了共识,但商鞅与朝臣在行动时机上存在异议。

一日,秦孝公曾派至魏国的密探归报,魏将庞涓屡向齐国挑战,齐军已入境,兵力雄厚,庞涓意图全歼。秦孝公闻之大笑,朝堂一时无声。

此时,甘龙指责商鞅延误伐魏,使秦国错失良机,当前应强化边防以应对魏国的潜在威胁。商鞅回应,秦国不应受制于魏,魏齐之战胜负未定,应静观其变并积极备战。

随后，秦国陆续接到密探回报，称齐军兵力大幅减少，甘龙等更为忧虑魏国将借此增强实力并西进。然而，数日后密探再报，庞涓在马陵战死，齐军获胜。商鞅压力骤减，危机得以化解。

秦孝公赞赏商鞅的远见，决定立即伐魏，并有意让公子少官领兵。但商鞅反对，认为此举可能对公子不利或引发权力纷争。商鞅主动请战，秦孝公深受感动，同意商鞅出战，甘龙等人表面祝贺，私下却颇有微词。

秦孝公二十二年（前340），秦孝公任商鞅为大将军、公子少官为副将，领兵五万，从咸阳出发，渡过黄河，到达玉泉山一带安营扎寨，准备向魏河西发起进攻。魏国派出公子卬为统帅，领兵五万进驻吴起城，准备迎战。秦、魏两军对垒，战争一触即发。

三、诈取公子卬

秦国，怀揣着统一天下的鸿鹄之志。而魏国，横亘于秦国东进之路，如同一块必须跨越的磐石。一旦征服魏国，秦国便能倚仗其得天独厚的地理优势，继续向中原腹地挺进。

当下，秦国君臣伐魏之心已决，主帅人选亦尘埃落定。在此基础上，秦孝公和商鞅就兵力部署、粮草筹措等方面进行了周密

第七章 矢志不渝

的筹划。谈话间,秦孝公忽而提及欲遣一人随军历练,以公孙衍为最佳人选。商鞅听后,爽快应允。秦孝公之所以青睐公孙衍,源于其独到的眼光与卓越的才能。早在马陵之战的消息传入秦国之时,公孙衍便敏锐地察觉到,此乃秦伐魏之良机,应果断出击。

商鞅领兵出征之日,秦军旌旗招展,军容肃整,士气如虹。士兵们手持锋利的兵器,配备着强劲的弓箭,整装待发。不久,魏惠王便得知了秦军出动的消息,愤怒之情溢于言表。面对秦、赵、韩三国的夹击之势,魏惠王陷入了前所未有的困境之中。"马陵之战"的惨败已经让魏国元气大伤,此时又逢强敌压境,局势危急。在选将方面,魏惠王虽然对公子卬的能力有所怀疑,但在用人之际也别无他选。于是,他任命公子卬为抗秦主将,希望他能够带领魏国军队力挽狂澜。然而,令公子卬和魏惠王都未曾料到的是,这次领兵打仗竟然成为公子卬一生中最耻辱的经历,对魏国也造成了难以挽回的恶劣影响。

秦孝公二十二年(魏惠王三十年,前340)夏,公子卬领兵至黄河东岸,遭遇秦军西岸布防。魏军士气低迷,公子卬意识到魏国已失霸主地位,且面临诸多挑战。公子卬将防线划分为西线和南线,以南线为重点,行营设于魏城。公子卬知晓,对岸秦军的主将是昔日的挚友商鞅，如今却成为战场上的对手，世事无常，令人感慨。尽管即将与商鞅交战，公子卬对他仍存好感。一来，商鞅在魏国时与他相谈甚欢，二人交情颇深；二来，他也能理解商鞅离魏投秦的选择。

就在此时，商鞅来信提议会面，共商和平。公子卬虽感念旧情，但仍审慎考虑，与副将等商议。副将认为商鞅偷袭的可能性不大，且渭水船只不足运兵，建议赴约。一番商议之下，公子卬同意会盟。

到了约定的日子，公子卬轻装简从，渡河至商鞅营中。两人相见，寒暄之后，商鞅提议先饮酒叙旧，再议正事。公子卬则坚持先公后私，先处理国事。于是，两人开始商议秦魏的边界问题，最终同意各自撤军，具体的边界划分事宜待到魏国都城大梁再议。公事谈完后，宴会开始，一切仿佛都进行得十分顺利。然而不久，商鞅借故离开后，士卒突然将公子卬等人擒住。秦军随即发起攻击，全歼魏军。商鞅利用公子卬的信任，采取"诈术"，实施奇袭。

商鞅采用"诈术"对付公子卬，取得了"不战而屈人之兵"的效果。尽管两人曾是挚友，但在国家利益面前，商鞅毫不犹豫地选择了欺骗。此举虽遭后人非议，但从军事策略的角度看，体

第七章 矢志不渝

现了商鞅对国家利益的忠诚和对战争法则的理解。公子卬则因过于信任旧友，缺乏对战争残酷性的认识，而最终沦为阶下囚。商鞅也正是因为在这一仗中建立奇功而得到了秦孝公的重赏。他被封以於、商地区十五邑之地，号为"商君"，"商鞅"的称呼，也是从此时才开始有的。

第八章
法铸强国

一、缘法而治

自古以来,商鞅被人们认为是"法家"的代表,这基本上是没有异议的。他主张"缘法而治"(《商君书·君臣》),或曰"垂法而治"(《商君书·壹言》),意即依法治国。他认为:"今有主而无法,其害与无主同"(《商君书·开塞》),一个国家,既要有"主"即最高统治者,又要有法。这等于说,君主治国,离不开法,而且,君主治国,也须依法行事。"明主慎法制"(《商君书·君臣》),"明主任法"(《商君书·修权》),商鞅心目中的"明主",应当是善于执法的国君。

《汉书·艺文志》是这样说明法家的起源的,"法家者流,盖出于理官,信赏必罚,以辅礼制。《易》曰:'先王以明罚饬法。'此其所长也。及刻者为之,则无教化,去仁爱,专任刑法,而欲以致治,至于残害至亲,伤恩薄厚"。商鞅注重于立法、行法,无论是在理论上还是在实践上,都力行以法治国的原则。他是名副其实的法家。

第八章　法铸强国

战国时的韩非即说："今申不害言术，而公孙鞅为法。"对于法家的优缺点，《史记·太史公自序》中是这样说的："法家不别亲疏，不殊贵贱，一断于法，则亲亲尊尊之恩绝矣。可以行一时之计，而不可长用也，故曰'严而少恩'。若尊主卑臣，明分职不得相逾越，虽百家弗能改也。"这就是说，法家不讲人情，不管"亲亲尊尊"之类的差别，无论何事，都是依法而断。这样的做法不能长用，但又区别职权，不相逾越，这种原则又是无论哪一家都要遵循而不能改易的。

商鞅政治思想的特点，是特别强调依法而治，把法放在中心地位。他提出："君臣释法任私必乱，故立法明分，而不以私害法，则治。"（《商君书·修权》）他看到君有"好法"与"好言"两类，"好法"之君是能依法而治的国君，而"好言"之君则是以言代法、随意妄为的君主。因此，在他的思想中，有明确的以法对君主进行制约的意识。他确认君主为国家的最高统治者，应有权威，但君不能任意而为，一切须依法而行。

二、有法必依

商鞅法治思想的精髓，是有法必依。他强调："有法不胜其乱，与无法同。"（《商君书·开塞》）他要求君主依法办事，依法治国，做到"言不中法者，不听也；行不中法者，不高也；事不中法者，不为也"(《商君书·君臣》)。

当然，要使法律真正得到执行，法律本身也必须符合实际。商鞅就曾一再指出这一点。他说："观俗立法则治，察国事本则宜。"(《商君书·算地》)"因世而为之治，度俗而为之法。"(《商君书·壹言》)这都是在说，立法和依法治国，都要从本国的国情出发，要从实际出发。

有法必依，对于统治者或曰执法者来说，也就是一定要讲"信"。有法必依，表现在行法、执法不因人而异。因此商鞅提出"刑无等级""罪死不赦"的原则，这一原则的提出，在中国古代政治史和法制史上具有革命性的意义。

在中国历史上的先秦时代，长期实行世袭贵族的统治和特权。儒家对于体现和维护这种统治秩序的一条基本原则作了概括，那就是："刑不上大夫，礼不下庶人。"这就是强调等级差别的礼制，它公然宣扬不公平是合理的和必要的，肯定人在法律面前是不平等的。在这样的原则下，刑，对于大夫以上的特权人物就不起作用了。

商鞅看到了君主的意志与行事和法律是会出现冲突的，于是他提出"君臣释法任私必乱"(《商君书·修权》)，这里既提

第八章　法铸强国

到君,也提到臣,君臣都不能"释法任私"。但事实上,正如他不无忧虑地说:"世之为治者,多释法而任私议"(《商君书·修权》),这不能不导致政治的混乱废坏。因此,他要求一切依法行事,"故法者,国之权衡也"(《商君书·修权》)。依法而治的关键还在于君,因为君对臣的影响大,起着决定性的作用。"君好法,则臣依法事君"(《商君书·修权》),臣是依君主的好恶为转移的,君是实行法制、以法治国的保证。

商鞅极力强调"壹刑","壹刑"就是"刑无等级",同罪同罚,没有人可以在法律面前搞特殊。按商鞅的说法,不管卿相、将军以至大夫、庶人,"有不从王令、犯国禁、乱上制者,罪死不赦"(《商君书·赏刑》)。正是依据这样的原则,他对于阻挠变法的贵族惩处严厉,对敢于与变法作对的地位很高的人物也毫不客气。太子之师公孙贾受了黥刑,即在脸上被刺字。太子之傅公子虔两次触法,两次受刑,后一次被处以劓刑,即被割去了鼻子。公子虔受劓刑后,他有八年不敢出门。这是见于史载的两个案例,因犯法而受惩的昔日的贵族,肯定不止于此。"刑无等级",主要是针对贵族等特权阶层的法律规定,是历史的一个巨大进步。

三、以刑去刑

商鞅在其政治实践特别是变法过程中，十分注重使用暴力推行他的政策、达到他的目的。他主张用刑，还主张重刑，在手握大权的高位上，他是只讲重压、不讲仁义的。

商鞅关于法治的核心思想之一，是法必须"制民"。他说："民胜法，国乱；法胜民，兵强。"（《商君书·说民》）决不能让民胜过法，其意就是法必须把民治住。由此可见，商鞅的反人民的本质。

这方面的核心思想之二，是对于民众"求过不求善，藉刑以去刑"（《商君书·开塞》）。在这句话中，是一点善意也找不出来的。在商鞅看来，法律这个东西，就是整天盯着百姓的，时刻在企盼着他们犯下过失，以便显示自己的必要和重要。刑，是商鞅手中特殊的武器，它是为了"去刑"而设的。他不止一次地说过"以刑去刑"："以刑去刑，国治。"（《商君书·去强》）

商鞅强调"重刑轻罪"，即以重刑对付轻罪，犯了一点罪就给予严惩，以此来使犯罪人慑于法律不会再犯别的罪（或不会再度犯罪），也使其他人受到警戒，从而减少犯罪。这就是所谓"行罚，重其轻者，轻其重者，轻者不至，重者不来，此谓以刑

第八章 法铸强国

去刑,刑去事成"(《商君书·靳令》)。他认为,"刑重者,民不敢犯,故无刑也",因此,"以杀去杀,虽杀可也;以刑去刑,虽重刑可以"(《商君书·画策》)。

商鞅的先辈李悝,也是主张"重刑轻罪"的。比商鞅较晚的韩非,更是鼓吹"重刑轻罪"有理。他引用"古训"的典型事例是"殷之法,弃灰于公道者,断其手"(《韩非子·内储说上》)。商鞅在秦国的暴行酷政,是骇人听闻的。他公然宣称:"守法守职之吏有不行王法者,罪死不赦,刑及三族。"又说:"夫先王之禁,刺杀,断人之足,黥人之面,非求伤民也,以禁奸止过也。"(《商君书·赏刑》)无疑,此类酷刑,都是在秦国常用的。

司马迁说商鞅"刻薄少恩",这是非常准确的,也是完全合乎事实的。不过,在《史记》中,司马迁为商鞅立传的基调还是在赞扬他变法的成功和成效,因此并没有用过多篇幅记载他的暴行。但只从一件事情就可以看出端倪,当他的新法实行了十年,取得一定的成效时,一些原先说新法不好的人也逐渐改变了态度,转而说新法的好话。商鞅把那些"初言令不便者有来言令便者"一律都斥为"此皆乱化之民也",把他们强制性地迁至边城,让他们受到沉重的惩罚。自此以后,便没有人再敢议论商鞅和他的新法了。

在商鞅看来，法律和人民是对立的，"民胜法，国乱；法胜民，兵强"（《商君书·说民》）。因此，他所要努力追求的政治效果，就是"法胜民"，完全操纵和控制人民，利用民力以达到统治集团的目的。"故以刑治则民威，民威则无奸，无奸则民安其所乐。"（《商君书·开塞》）这充分暴露了商鞅使用法律的目的。

《管子》一书中记载："桓公曰：'我欲胜民，为之奈何？'管仲对曰：'此非人君之言也。胜民为易。夫胜民之为道，非天下之大道也。'"在是否应该"胜民"的问题上，管仲和商鞅持相反的立场和主张。同是"法家"，为何这样不同？这是因为，《管子》一书吸收了先秦各家的思想营养，在许多问题上显得温和而理智，而商鞅在强调法的作用时，有极端主义倾向。《管子》一书中也有类似于《商君书》中的某些思想，如："凡人主莫不欲其民之用也。使民用者，必法立而令行也。故治国使众莫如法，禁淫止暴莫如刑。"

两汉之际的桓谭曾说，李悝的《法经》深刻影响了商鞅："卫鞅受之，入相于秦，是以秦、魏二国，深文峻法相近。"秦国的严刑峻法，又直接影响了秦朝，秦始皇"刚毅戾深，事皆决于法"的暴政，从思想来源说，主要是受商鞅的影响。商鞅"以刑去刑"的思想除了得到韩非的肯定和支持外，后世的政治家中，

第八章　法铸强国

司马光、朱熹等也是主张重刑而治的。

四、前瞻思维

商鞅在法治方面有许多在当时非常超前的思想。他一方面强调把政权牢固控制在君王手中，"权制独断于君则威"（《商君书·修权》），否则，会造成"君道卑"（《商君书·壹言》）。但他又认为，这种权威并不是个人意志的权威，而是法律的权威。他说："治莫康于立君，立君之道莫广于胜法，胜法之务莫急于去奸，去奸之本莫深于严刑。"（《商君书·开塞》）他要建立一个以君王为核心的靠严刑来保障的法制体系。

商鞅说："明主慎法制，言不中法者不听也，行不中法者不高也，事不中法者不为也。"（《商君书·君臣》）其意正在于以法来制约君王。商鞅的思路其实很明显，国君与法律是统一的，国君应是法律的人格化，法律是国君言行的文字定型。国君是有显著的优劣之分的。商鞅主张以法制约国君，让国君受法的约束。

商鞅居然还提出："法者所以爱民也。"（《商君书·更法》）对此，不要感觉可笑，也不要以为是他偶然从牙缝里漏出来的一句好话。商鞅坚定地认为，依法治国是有利于民的，因此，他相信法治的出发点是爱民。细想此话不无道理。总体而言，对于人民群众来说，有法还是比无法要好。最坏的情况就是无法无天，无法无天对于一切恶势力最为有利，而对于人民常常是灾难深重。

商鞅在法的思想方面，提倡公开性，提出要把法告诉人民，让人民都知道，从而能知法。他这样做的目的，是使人民知法而避免犯法，但也有另外的效果，就是不在法律上搞神秘主义，不使法变成极少数人随意玩弄于掌心的东西。正因为这样，所以他主张法律法令都要明白易晓，为了使人民知法守法，他还提出了类似于进行法制宣传和法制教育的主张。"故圣人为法，必使之明白易知，名正，愚知遍能知之；为置法官，置主法之吏，以为天下师，令万民无陷于险危。故圣人立，天下而无刑死者，非不刑杀也，行法令，明白易知，为置法官吏为之师，以道之知。万民皆知所避就，避祸就福，而皆以自治也。"（《商君书·定分》）不正是这样的意思吗？

商鞅还有更妙更绝的思想。他提出设置法官，此说见《商君书·定分》。此篇是否为商鞅所作，尚难定论，因为在有关"法官"的言论中，提到了御史、丞相等在商鞅以后才有的称谓，因此，这些言论是否出自商鞅本人，历来是有争议的。但从商鞅的整个思想体系来考察，他提出这样的思想并非没有可能。篇中内

第八章　法铸强国

容是以秦孝公与公孙鞅的对话形式展开的。该篇先提到"主法令之吏",然后又说到"法官"。

"主法令之吏"的职责是通晓法律,并能当法律顾问。他们接受天子的任命,要谙熟法令,决不能忘记。这些"主法令之吏"如有调动或死去的,就要安排接替的人,让他们在规定的时间内通晓法令,达到其前任的程度。这些官员都只能原原本本地理解和宣传法令,如有删改,罪死无赦。他们应当回答官吏和百姓对他们提出的法律方面的问题,否则要受到惩处。"法官"之设,有中央和地方两个体系。"天子置三法官,殿中置一法官,御史置一法官及吏,丞相置一法官。"在地方上,"诸侯、郡、县皆各为置一法官及吏"。他给这些法官规定的职责是"吏民知法令者,皆问法官",此其一;"遇民不修法,则问法官,法官即以法之罪告之",法官让民知道不循法者所犯的什么法,此其二。他所说的"法官"的职责,大致上就是我们所说的法律顾问,所提供的主要是法律咨询之类的服务。

后来秦朝"以吏为师",其实,"法官"就是"天下师",他们是那时的法律专家,是法律权威的解释者,又是执法的监督者。因为法官确实还负有监督法律实施的使命,如果有人"以非法遇民",也就是出现破坏法制的情况,法官是要支持民以法律

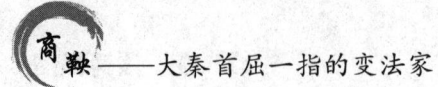

为武器向那些犯法者斗争的。

商鞅的一个重要思想,就是要有"使法必行之法"(《商君书·画策》)。当然,在现存的有关他实行法制的材料中,并没有见到有这样的法。事实上,最难的不是有法,而是有使法律得到切实贯彻执行的法中之法,以保证有法必依。看来,商鞅是为此思考过甚至努力过的。设立"法官",确实不失为这方面的一个好的设想、好的办法。

第九章
变法风格

一、令出必行

商鞅在秦国施政，十分重视"信"，即说话算数，令出必行。在商鞅的政治主张中，多次谈到"信"。在他看来，"国之所以治者三：一曰法，二曰信，三曰权"（《商君书·修权》）。他把"信"列为治国和国治的基本条件。"信者，君臣之所共立也"（《商君书·修权》），"信"是君臣之间的契约，应共同遵守和维护。他谈"信"，重点是在赏罚，而且强调人君更应该守信，他说："夫民力尽而爵随之，功立而赏随之。人君能使其民信于此如明月，则兵无敌矣。"（《商君书·错法》）

在确立法令的威信方面，商鞅有过一次在历史上十分著名的"徙木立信"事件。当壮士按要求把木头放到北门之后，随即得到了五十金。这下子，整个栎阳、整个秦国都轰动了。而商鞅这样做的目的，就是要向世人表明，他当政期间，所下的政令都会坚决说到做到，决不含糊。

第九章 变法风格

二、追求高效

商鞅在变法过程中，非常强调效率，他当政期间，也多次要求提高行政效率。今传《商君书·垦令》之首，就有"无宿治"的要求。"无宿治"就是要求各级政府和官吏无论办什么事，都不允许拖拉，要尽快地办好。为了强调"尽速"，就提出了"无宿治"，就是我们所说的"今日事，今日毕"。

对于"无宿治"，商鞅还作了一点说明，"无宿治"，就能使邪官难以"为私利于民"，百姓的事情能得到及时处理解决，农民就会有充足的时间从事农业生产，农民的状况也就会好，这样，土地就会得到开垦，农业就能有大发展。可见，商鞅要求"无宿治"，还是从秦国的国家利益考虑的，并不直接着眼于农民的利益。但"无宿治"从客观上来说对农民还是有利的。在《商君书·靳令》一篇中，又一次接触到"无宿治"的问题："靳令则治不留。"关于"靳令"，有不同的解释，但基本意思还是可知的，指的是严肃法纪，认真行事。"治不留"意同于"无宿治"，也是要求及时处理各种问题，不准拖延时日，也不准推诿责任。商鞅思想的可贵，还在于他不仅把行政效率的高低看作一般问题，还把它和国家的强弱联系起来考虑。他在《商鞅书·去强》

中再一次说到类似的观点:"以夜治者强,以宿治者削。"

商鞅还提到一个极其重要的问题,那就是精简行政机构和人员,以保持较高的行政效率。他说:"官属少而民不劳"(《商君书·垦令》),原因就是"官属少,征不烦"(《商君书·垦令》),人民的负担就可以比较轻。一般而言,一个新的朝代初建时,机构大多比较精简,官员数量也比较少。时日既久,机构逐步增多和扩大,官员数量也越来越多,出现了"冗官"为害的局面。国家的财政不堪重负,于是便加重征收。农民的负担就越来越重,到终于无法忍受时,就会铤而走险,揭竿而起。商鞅早已看到了这一问题,他指出,乱国"恃多官众吏"(《商君书·禁使》),即只有乱国才会有过多的官吏,靠过于庞大的官僚机构来治理。换句话说,治国应该是国家机构精简而官员人数适当。

在商鞅的思想中,还有一个值得我们重视的观点,那就是充分发挥各级政府甚至是家庭在维护法制和统治秩序中的作用,而不是越级处理。按照他的思想,无论哪一级都应管好自己应当管好的事情。在《商君书·说民》中,商鞅对于各级分工的思想表述得最为明显。他说:"国治,断家王,断官强,断君弱。"他认为,只要法令明确,上下周知,那就完全可以做到事断于家。"治则家断,乱则君断。"能够"家断",是国家政治正常的表现。

第九章 变法风格

他把家庭在法制秩序中的作用强调到很高的程度。

为了提高行政效率,商鞅也要求了解各方面的情况,做到心中有数,避免政治上的盲目行为。他列举了"强国之十三数"(境内仓口之数,壮男壮女之数,老弱之数,官士之数,以言说取食者之数,利民之数,马牛刍藁之数)应是治国者要掌握的基本数字。他把掌握这些数字的重要性看得极其重要,如不能详知之,则国必至削弱。

三、吏治清廉

商鞅也十分重视保持吏治清廉的问题。他确信,要保证变法在秦国的顺利进展,必须建立廉洁高效的政府,必须有法纪严明的政治。他把那些不能让他满意的官吏称为"邪官"。他所说的"邪官"是"为私利于民",即通过非法手段向农民盘剥者。他提到了"大臣争于私而不顾其民"(《商君书·修权》),这种只图私利而置国家利益于不顾的行径,是商鞅最为深恶痛绝的。还有那些"渔民"的"秩官之吏",他说:"夫废法度而好私议,则奸臣鬻权而约禄,秩官之吏隐下而渔民"(《商君书·修权》),在他看来,"此民之'蠹'也"(《商君书·修权》)。总之,商鞅深切意识到,官有正邪之分,官员如何,对于变法的成败关系极大。因此，他自然要思考如何保持官吏队伍的清正，防止邪官滋生，做到"官无邪人"。

商鞅还考虑到选官问题。当然，在那个时代，还远没有形成某些制度。但商鞅从多方面对此进行了思考并采取了措施。他了解到当时有以钱取官的事例，较低级的官吏希望升迁，往往通过"货事上而求迁"的办法来达到自己的目的。有些搞这种交易的官吏甚至说："多货，则上官可得而欲也。"这种以货易官的做法是一种腐败现象，且更易连锁式地产生新的腐败。正因为这样，商鞅坚决主张堵住那些以不正之术、走不正之道投机钻营者求官和希冀升迁的道路。

与"邪官"相对立的是"贤人"。商鞅曾提到要重用"贤人"，即明法、守法和能推动变法事业成功的"端直之士"。但要使贤人涌现并能得到重用，关键还在于"明主"："明主在上，所举必贤，则法可在贤。"（《商君书·画策》）

但商鞅的思想也有矛盾性。他对重用"贤人"的思想表达得并不十分清晰。他所谓的"贤人"，是一些有一定的行政才干、能忠实地执行他的政治目的的人，而绝不是思想活跃而又能独立思考的人。在用人原则上，商鞅主张以法授官，这在《商君书·农战》中被称为"常官"，"常官则国治"，依法授官，才能

第九章 变法风格

使国家治理得好。不能违反商鞅变法的基本原则和实行法治的基本精神，重用那些有可能成为"邪官"的人。

从商鞅所有的言论来看，他更看重那些通过耕战而为国家建立功勋的人。他提出了"不官无爵"的用人授官原则，希望"国以功授官予爵"（《商君书·靳令》）在秦国得以实现。《韩非子·定法》中，对此有这样的描述："商君之法曰：'斩一首者爵一级，欲为官者，为五十石之官；斩二首者爵二级，欲为官者，为百石之官。'官爵之迁与斩首之功相称也。"有功即有爵，有爵即有官。这看来很公平，也很讲信义。但这样做也不是没有问题，韩非子紧接着说，"今有法曰：'斩首者令为医、匠'，则屋不成而病不已。夫匠者手巧也，而医者齐药也，而以斩首之功为之，则不当其能。今治官者，智能也；今斩首者，勇力之所加也。以勇力之所加而治智能之官，是以斩首之功为医、匠也。"这里含有轻微的嘲讽，"以斩首之功为医、匠"是不能胜任的，而以耕战特别是军功而获爵位，再以爵位获取官职，这样的人是否一定有"智能"治国呢？对于商鞅用人的实际情况，因为没有资料可证，故不得其详。不过，秦国的官吏是以因军功而崛起的社会阶层为骨干的，这应该是没有问题的。

商鞅极力主张不用"巧言虚道"的游说之士。"效功而取官爵,虽有辩言,不能以相先也"(《商君书·靳令》),不能让那些善言能说的人占了便宜。

总之,商鞅对于使秦国政治良好的运行态势,有着清醒的头脑和坚定的追求。他对官吏腐败、营私害民,怀着极大的愤慨。他看到了直接治民的官吏有可能对人民造成的危害。因此,他提出使"官不敢为邪"的政治目标,目的在于使普通民众"中不苦官",即不受县级和基层官吏的侵害。

商鞅对澄清吏治有着很高的期望,他甚至志在实现"国无怨民"的效果。他的意思是,无论奖还是罚,都要说得通,让人民说不出意见来。这当然是不可能的。但商鞅的政治热情还是由此可见一斑。在强调清政廉政时,商鞅也没有忘记法治原则,他说:"法平,则吏无奸。"(《商君书·靳令》)要使官吏勤政廉政,关键在于"法平",即执法严明,该奖则奖,该罚则罚,使他们各得其所,从而起到良好的导向作用。在"法平"的情况下,官员就不会心存侥幸,轻易试法,而会忠于职守,兢兢业业。一句话:"治法明,则官无邪。"(《商君书·壹言》)真正地实行法治,法纪严明,是吏治清洁的基本保证。

商鞅在秦国还禁止请托之类的人情关系,和吴起曾在楚国"塞私门之请"一样,他也厉行这一政令。"塞私门之请"既是

第九章 变法风格

限制旧贵族的势力,也是为了营造清洁的政治空气,有利于变法和强国的事业。但是,商鞅在治理秦国的过程中,也奖励"告奸",提倡重用所谓"奸民"。在《商君书·去强》中有:"国以善民治奸民者,必乱至削;国以奸民治善民者,必治至强。"在《商君书·说民》中又有,"故曰:以良民治,必乱至削;以奸民治,必治至强。"商鞅对"善民""奸民"的划分和界定,完全是从他的政治功利目的出发的。商鞅如此贯彻"以奸民治",对于巩固以他为代表的秦国政权的统治是有利的,对于他推行变法也能起到相当的作用。但是重用他所谓的"奸民",毕竟要以政治道德的恶化为代价。一个政权公然宣言依靠"奸民"而治,强则能强,但其后果必定是政治的堕落和腐败。道理很简单,"奸民"告讦得志,弹冠相庆,"良民"反倒闭口而不敢言,举国如此,何来生气?又怎能长久?当然,这在商鞅时代还是不会充分显露出来的,而到了秦统一后,长久积累的这个问题就一下子迸发出来了。正因为这样,贾谊"过秦"即总结秦朝速亡的教训之一是秦"所上者告讦也"。

四、重"要"重"壹"

商鞅政治思想的重要特点,是他特别重视"要"和"壹"。

他所一再强调的"要"大致相当于我们所说的"纲",而他特别喜欢提的"壹",就是统一思想、统一政策,整齐划一地推行和实施改革以及富国强兵的各项措施。重"要"重"壹"的思想也变成他治国的实践,一直贯彻于他在秦国的政治生活中。

《商君书》中提到"要"的地方很多。在《商君书·农战》中,他强调:"故圣人明君者,非能尽其万物也,知万物之要也。故其治国也,察要而已矣。"他认为"今为国者多无要",因此,"圣人知治国之要,故令民归心于农"。在《商君书·靳令》篇中,他说:"圣君知物之要,故其治民有至要。"

《商君书》专门有《壹言》之篇,多次强调"壹"的重要:"国务壹,则民应用;事本抟,则民喜农而乐战……治国而能持民力而壹民务者,强。""治国者贵民壹,民壹则朴,朴则农,农则易勤,勤则富。""故圣王之治也,慎为、察务,归心于壹而已矣。"《商君书·农战》也多次说到"壹":"上作壹,故民不荣,则国力博。""惟圣人之治国作壹,抟之于农而已矣。"在《商君书·赏刑》中,连说了三个"壹":"圣人之为国也,壹赏,壹刑,壹教。"靠这"三壹"来做到"兵无敌""令行""下听上",全国都集中注意力于耕战图强。该篇之末,仍归结为"圣人治国也,审壹而已矣"。"作壹"必须坚持不懈,甚至作为百年大计来

第九章　变法风格

考虑:"国作壹岁,十岁强;作壹十岁,百岁强;作壹百岁,千岁强;千岁强者王。"(《商君书·去强》)

此外,在经济方面,有"壹山泽"(《商君书·垦令》),即由国家控制所有的山林泽薮,专断其利。这样做的目的,既有经济上的考虑,可以垄断山泽之利,还可以尽量驱民归于农;也有政治上的考虑,防止农民涌入山泽地区,脱离农业生产,危害政治稳定。

从商鞅这些言论可以看出,他紧紧把握着治国之纲,牢记着达到富国强兵目标的最重要的大事,并且用"壹"这样一个思维形式,把他所关注的焦点和"要"紧密结合。

第十章

变法成效

商鞅——大秦首屈一指的变法家

一、秦国富强

商鞅变法的成效是非常显著的。在战国时期列国的变法中,秦国的变法也是最成功的。经过变法,秦国摆脱了长期的落后状态,一跃成为当时最强大的列国。

在商鞅死后数十年,秦昭王(前306—前251年在位)后期,燕人蔡泽至秦国,曾"相秦数月"。他是较早对商鞅及其变法的成果作出较为客观的评价的。他说:"夫商君为秦孝公明法令,禁奸本,尊爵必赏,有罪必罚,平权衡,正度量,调轻重,决裂阡陌,以静生民之业,而一其俗,劝民耕农利土,一室无二事,力田稸积,习战陈之事,是以兵动而地广,兵休而国富,故秦无敌于天下,立威诸侯,成秦国之业。"(《史记·范雎蔡泽列传》)在这段话中,蔡泽对商鞅在秦国所取得的主要业绩作了简要的概括,对其以"富国强兵"为根本目标的变法以及改革事业的成效作了肯定的评价。

韩非子,是战国时期论述商鞅及其变法思想较多的思想家,

第十章　变法成效

在其《韩非子》一书中,有多处论及商鞅及其变法。韩非对于商鞅在秦国的变法是持肯定态度的,他在言论中毫不掩饰自己对于商鞅的钦佩和羡慕。《韩非子》中说:"秦行商君法而富强",还说秦通过变法,"是以国治而兵强,地广而主尊",这更对变法的成效作了充分的肯定。

商鞅在秦孝公去世、秦惠王即位后被杀害了。商鞅身败,死得这样惨,能说新法成功了吗?很多人都是这样看问题的。即使是一些赞赏商鞅的人,也不能不这样看。然而,韩非子意味深长地说:"及孝公、商君死,惠王即位,秦法未败也。"这是一个非常特别的见解,其睿智是令人敬佩的。如何看待"败"与"未败",韩非子提出了辩证思想。是的,商鞅的死虽然不能说与变法无关,他的死,对于变法的深入也有一定的影响。但必须看到,商鞅之死,并没有使秦国的变法进程逆转,更没有使变法的成果葬送。秦惠王杀害了商鞅,但并没有废止新法,新法继续贯彻执行,仍在秦国的富国强兵事业中发挥重大作用。

司马迁在《史记·商君列传》中充分肯定了商鞅变法的成效。按照司马迁的记载,商鞅第一阶段的新法出台后,"行之十年,秦民大说,道不拾遗,山无盗贼,家给人足。民勇于公战,怯于私斗,乡邑大治"。这就是说,通过变法,秦国把全部力量都集中到耕、战这项基本的事业上去，生产得到大大的发展，保证了国内的基本需求，也足以支持对外战争的需要。"道不拾遗"，是说社会风气之肃清，这一方面是"重刑轻罪"的结果，国人不敢轻易试法，同时，也是由于生产的发展，人们没有必要铤而走险。"民勇于公战，怯于私斗"，这说明，秦人的勇敢和英雄主义被成功地引导到国家所需要的方向上去了，这必然有利于国家增强军事实力以便向外扩张。而"乡邑大治"，说明秦国的统治秩序井然，中央政权对地方的控制十分有力，能够调动和集中全国的力量用于国家的发展和对外的竞争。

商鞅第二次大规模颁布新法，把变法推向新的高潮，是在秦孝公十二年（前350）。"居五年，秦人富强"（《史记·商君列传》），变法的成效更加明显地展现出来了。由于实力大大增强，秦国在对外战争中也屡屡取胜。当时，秦国主要的敌人是魏国——也就是商鞅曾在那里生活过的国家。这时的魏国，停滞不前，衰态已见，居于四方之中的地位，也使其处于战略上的困境。秦孝公二十一年（前341），以孙膑为军师的齐国军队大败魏军于马陵的险要地区，魏国开始走向衰落。商鞅向秦孝公建议乘机伐魏，迫使魏国东徙，以便开拓秦国东进的军事走廊。这一建议为秦孝公所采纳。商鞅亲自率秦军出征，大败公子卬所率的魏

第十章　变法成效

军。魏国连败于齐、秦，只得被迫放弃旧都安邑，东徙大梁。秦国获得了进一步向东发展的条件。

就在变法成效日益明显的时候，秦孝公十八年（前344），《史记·周本纪》记载"秦会诸侯于周"。在周平王元年（前770）周平王东迁后，周王室的地位一落千丈，天子只是名义上的天下共主。"秦会诸侯于周"，就是仍借周室王畿之地，而由秦孝公来当天下诸侯的盟主。这在战国时期是诸侯国实力和地位的重要象征，也是诸侯国的莫大荣耀。次年，"周致伯于秦孝公"，"伯"，也就是"霸"，即周天子正式承认秦国的霸主地位。又次年，"诸侯毕贺"，这其实是关东六国对秦国的实力表示承认。

在秦国的历史上，秦国是秦襄公（前777—前766年在位）因护送周平王东迁有功而被封为诸侯国。秦穆公时，周襄王"使召公过贺缪公以金鼓"，这是周天子对秦国地位的一次承认。秦献公时"天子贺以黼黻"，"献公称伯"。但是，到秦孝公时，东方各国还是经常"卑秦"，特别是秦国"不与中国诸侯之会盟"，中原诸侯的会盟经常把秦排除在外，使之孤立和感到难堪。商鞅变法使秦国迅速强大后，"周致伯于秦孝公"，秦国又一次得到周天子的肯定，秦的实力大大加强。

秦孝公初继位时，秦国十分落后，他因此而有"诸侯卑秦，丑莫大焉"的极大痛苦。然而，经过两次变法，秦国富强起来了，有了实力，也有了地位，诸侯不敢小瞧，天下都知道秦国的强大。这个变化是惊人的。这靠的是秦孝公的不甘落后、发愤图强，靠的是经过商鞅变法所作出的制度上的变革、政策上的调整，当然，也靠秦国的农民、将士当时的勤耕勇战。

二、舆论之变

商鞅变法获得了巨大的成功，这种成功也获得了人们充分的肯定。但是，在变法的过程中，统治阶级的认识并不是一致的，社会舆论也曾发生过显著的变化。这种情况，在历史上无数次地发生过，不足为奇。春秋时期，子产是郑国的一位政治家，在郑国改革时也有过类似的变化。

郑简公二十三年（前543），子产在郑国执政，开始实行改革，改革的主要内容有整顿贵族的田地和农户的编制，创立新的征赋制度。子产把刑书即法律条文铸在铜鼎上予以公布，让全国上下都知道法律的内容，表现了其以法治国的决心。开始时，子产的政声很差，郑国上下到处是一片咒骂之声，到他执政一年时，甚至还有人编出这样的歌谣："取我衣冠而褚之，取我田畴而伍之。孰杀子产，吾其与之。"歌谣内容大意为：他强迫我把

第十章　变法成效

华美的衣服、帽子藏起来，我的田地也改变了制度。谁杀子产，我一定跟从他！由此可见，在当时的郑国，子产的"民愤"有多大。但是，又过了两年，到他执政三年时，这样的咒骂声再也听不到了，代之而起的歌声是："我有子弟，子产诲之；我有田畴，子产殖之。子产而死，谁其嗣之？"歌谣内容大意为：我的孩子，子产教诲他；我的田地，子产栽培它。如果子产不幸死去，谁能继续像他这样做啊？这时，郑国的人们已不再咒骂、反对子产，而是转变为拥护他、颂扬他的政绩，希望他长久执政了。

首先，改革，会触动一部分人的利益，引起人们复杂的反应；改革，在不同的阶段，会给人们带来不同的利害和体验。改革的实效、改革的后果，显现需要时间。人们对改革，有一个从不了解到了解的过程。再者，人们对改革还有一个适应的过程。最后，改革本身也需要调整，才能变得更合理、更切合实际、更为大多数人所拥护。

韩非子曾经指出，商鞅推行新法之初，秦民还很不习惯，不少人怀疑变法能否坚持、能否彻底。有的人抱着侥幸心理，对于违反新法可能为自己带来的后果，没有充分地估计，结果，凡有违犯新法的都受到了惩处，而告发者也得到了重赏。

在商鞅和秦孝公开始谋划变法大事时，就遇到秦国政要甘龙、杜挚等人的反对。他们的基本观点是两条：一是"缘法而治者，吏习而民安之"。他们也说"缘法而治"，但与商鞅所说的"缘法而治"不同，是说最好按老办法、老规矩来；二是"利不百，不变法"，如果不能证明新法有什么好处，还是不变的好。

商鞅驳斥了他们的观点，他指出，甘、杜两人的观点代表了"世俗之言"。"常人安于故俗，学者溺于所闻。以此两者居官守法可也，非所与论于法之外也。"按老规矩办，是常人求稳的心理，但无法打破常规，难有大的进取，更难以创新。在旧制度已经完全不适应当下实际、需要改进的时候，这类保守的观点常常激烈反对改革。"利不百，不变法"，如果要求新法应当确实比旧法好，要求变法注重实效，而不是盲目地弃旧图新，也不能说没有道理。但是，变法往往是首创，是创新的实践，它不可能一下子就完全成功，也决不会十分完美。"利不百，不变法"，但"不变法"，不通过实践这样一个检验真理必不可少的过程，又怎么能够确知是"利"还是"不利"呢？更不要说是衡量"利十"还是"利百"了。

在商鞅发展和实行新法的第一年间，变法的效果还没有显现出来，因此，反对的舆论还很高涨，很多人说新法不便、不好。当然，分析得知，其中因变法而利益受到不同程度触动的人是多

第十章 变法成效

数,在这些人中旧贵族也占一定比例,他们人数虽不一定多,但旧的观念一下子还难以转变,他们还有传统的舆论优势。这时发生了"太子犯法"的事件,这对商鞅的新法是一个严峻的考验。如果他不能正确处理这件事,那就意味着向反对新法的政治势力退让,变法就有可能夭折。因此商鞅态度坚决,他果断地拿起法律的武器。当然,他也受到极大的牵制,不能完全实行"刑无等级"的法制原则。因为太子的特殊身份,不能对他行刑,只能对太子的师、傅实行制裁,结果是对太子之傅公子虔、师公孙贾处以刑罚。这可以说是商鞅以法律的力量来推动变法的进展。这一招成功了,"明日,秦人皆趋令",没有或不敢发表不同意见了。

法律的强制是有一定效能的,但不可能长久而持续,归根结底,还得靠有说服力的事实。终于,新法产生的作用一年比一年明显,秦国日渐强大的事实也让秦人心服口服。从内心反对变法的人也越来越少了,因为大多数人还是不会不顾事实说话的。到了新法的效果非常明显时,肯定和赞扬变法的舆论成为主流,很多人甚至到官府中去陈述新法的好处、变法的成就。然而,这时,商鞅的劣性暴露出来了,他不允许人们改变认识,改变对新法的态度,把那些"秦民初言令不便者有来言令便者"都说成是"此皆乱化之民也",赶到边城去了。"其后民莫敢议令",谁也不敢再说什么了，好话坏话都不敢说了。这是商鞅的成功，但更是他的失败。新法使秦国赢得了极好的发展机遇，也赢得了民心，而商鞅极端的做法，却又使他的变法事业失去了一大批拥护者。

在秦国，真正反对变法的是旧贵族，他们只顾自己的私利，而商鞅变法触动最多、最大的正是这一批人的私利。"宗室贵戚多怨望者"，他们对商鞅恨之入骨。商鞅打击政治上转变态度、从反对新法到拥护新法的一派人的做法，为他日后的失败埋下了伏笔。

三、率先各国

秦国商鞅变法大致在公元前4世纪50年代，这一时期的周王是周显王，而除秦国以外的列国的情况大体如下：

魏国，在魏惠王（前369—前319年在位）统治下。魏惠王前期，魏国仍保持着魏文侯以来的强势，但已开始出现衰疲之态。魏惠王二十六年（前344），他召集逢泽之会，邀请秦、韩、宋、卫等国参加，并一起朝见周天子，自称为王。这次会盟，也是战国时期魏国强盛的顶点，仅仅三年后，魏惠王二十九年（前341），魏军在马陵被齐军大败，损失惨重。从此，魏国的强盛已成明日黄花。

第十章 变法成效

韩国，在韩昭侯（前362—前333年在位）统治下。韩昭侯重用申不害为相，实行变法，取得了显著成效，韩国也振作起来。

赵国，在赵成侯（前374—前350年在位）和赵肃侯（前349—前326年在位）统治之下，并无重大变化。

东北方的燕国，在燕后文公（前361—前333年在位）的统治下，也比较沉寂。

南方的楚国，先是楚宣王（前369—前340年在位），后是楚威王（前339—前329年在位）。当齐魏、秦魏先后大战，北方黄河流域的态势发生显著变化时，楚国相机而动，从中渔利。楚威王即位，楚国进入了一个发展盛期。

还有东方的齐国，这时的齐国已不再是西周初分封的姜太公开创的姜齐，而是田齐。田氏原是齐国的大夫，后来势力日盛，田常杀死齐简公，夺取了齐国的实权。周安王十六年（前386），田和被周天子承认为诸侯，正式完成了"田氏代齐"的政权转移。齐威王（前356—前320年在位）在位期间，任用邹忌为相，任田忌、孙膑等为将，邹忌等实行变法，其中有"谨修法律而督奸吏"等内容，齐国大治。

在秦国以前就实行变法并取得过显著成效的有魏国，实行了变法但成效不大的有楚国，和秦国同一时期变法因而国力增强的有韩国和齐国，由盛而衰的是魏国。正当盛期的是秦、齐、楚三国，韩国也处在最好的发展时期，但毕竟国小，影响也比较小。

当时受秦国威胁最大的是魏国，为商鞅变法后"秦人大强"付出代价最大的也是魏国。然而，最具讽刺意味的是，在秦国强大起来的过程中起了关键作用的人物商鞅——当年的公孙鞅，正是从魏国跑到秦国去的。为此，魏惠王后悔得要命。特别是在商鞅率领秦军击败公子卬所率魏军、使魏国蒙受巨大损失后，魏惠王悲叹道："吾恨不用公叔之言！"

由于变法彻底而且成功，秦国已开始和东方六国拉开距离，跑到七雄的前列了。秦国由弱转强，已经能够"东雄诸侯"。商鞅死后若干年，苏秦到秦国对秦惠王说："大王之国，西有巴、蜀、汉中之利，北有胡貉、代马之用，南有巫山、黔中之限，东有肴、函之固。田肥美，民殷富，战车万乘，奋击百万，沃野千里，蓄积饶多，地势形便，此所谓天府，天下之雄国也。以大王之贤，士民之众，车骑之用，兵法之教，可以并诸侯，吞天下，称帝而治。"（《战国策》）苏秦在这里所说的当时秦国已经拥有的"资本"，正是通过商鞅变法才大幅增强的。

第十章 变法成效

四、开秦帝业

商鞅后来虽然被杀害，但他所推行的新法并没有废弃，他所开创的秦国政治、经济的制度被接续下来，秦国富国强兵的进程也得以继续。商鞅以后的秦国，正是沿着这条道路，走向统一中国伟大事业的最后成功。因此，秦始皇时代的李斯说："孝公用商鞅之法，移风易俗，民以殷盛，国以富强，百姓乐用，诸侯亲服，获楚、魏之师，举地千里，至今治强。"（《史记·李斯列传》）这就充分肯定了秦始皇时秦国的强大和统一，正是商鞅变法成果的历史性延续。东汉人王充也说："商鞅相孝公，为秦开帝业。"（《论衡》）

商鞅变法，促使秦国的经济有了很大的发展。的确，这种经济在过于强调"重本轻末"的思想支配下，是不够合理的，但是它的确是适合当时的战时体制的。秦国的经济以农业为主，粮食产量大增，可以支持人数众多的常备军、正规军，可以支持经常性、一次又一次的大规模的战争。商鞅身后，秦国又进行了无数次大大小小的战争，才终于实现了统一中国的目标。这些战争，都是首先取决于秦国所具有的物质经济条件的，是以此为坚实的基础的。商鞅变法，正是奠定了秦国统一中国的物质经济基础。

变法的基本政策稳定地执行下去，使秦国的农业一直极受重视，持续发展，使秦国的军队不断强大，一直具有强大的战斗力，这是秦国兼并六国、统一中国的根本。

商鞅变法，改革了秦国的政治，使秦国拥有较多活力和生气。这从荀况在商鞅之后入秦的亲身感受中可以看得出来。荀况于秦昭王时入秦，这样述说他的观感："入境观其风俗，其百姓朴，其声乐不流污，其服不挑，甚畏有司而顺，古之民也。及都邑官府，其百吏肃然，莫不恭俭敦敬，忠信而不楛，古之吏也。入其国，观其士大夫，出于其门，入于公门；出于公门，归于其家，无有私事也。不比周，不朋党，偶然莫不明通而公也，古之士大夫也。观其朝廷，其朝间听决百事不留，恬然如无治者，古之朝也。故四世有胜，非幸也，数也。"（《荀子》）

荀况极力称赞秦国的政治和社会风气，认为秦国上下有序，肃然而治，官员负责任，百姓能服从，政治讲效率，没有官场腐朽习气，全社会也朴实无华，如此就能把精力集中到富国强兵的大事上去。因此，荀况认为秦国从秦孝公到秦昭王百年之间能够一直保持强盛，绝非由于偶然和幸运。

通过商鞅变法，秦国迅速强大起来，也在很大程度上改变了战国中期分裂状态下的中国的政治格局，改变了当时的国际形

第十章 变法成效

势。由于秦国的迅速崛起,促使在战国初期百余年中称霸中原的魏国衰落下去,这对赵、韩等国的发展稍为有利,而东方六国所承受的来自崤山、函谷关以西的压力则显著增大。在秦国势力日增的形势下,国际关系中"合纵"和"连横"这两种不同的外交斗争形式开始出现。列国间的竞争更趋激烈,在兼并战争的血与火中,中国统一的前景日渐明朗。

第十一章
英勇善战

商鞅——大秦首屈一指的变法家

一、几度出征

秦孝公十年（前352），秦孝公任命商鞅为大良造——秦国国内最高军政长官，随后进行第二次变法，这是大良造首次被用作官职职位。大良造，为大上造之良者，是秦孝公时期至秦灭六国前秦国国内最高爵位，掌握军政大权。秦惠文王设立相邦一职掌握军政大权后，一般由获得大良造爵位的功臣担任相邦。相邦，即相国，是国君以下百官之首。商鞅是秦国的相邦，但他又是一位善战的将军。

商鞅是亲自领兵打过仗的人。秦孝公八年（前354），秦军与魏军战于元里（今陕西澄城县南），斩首七千，取少梁。此战是否由商鞅亲自指挥，于史无载，难以断言。但即使商鞅未曾亲自指挥这场战役，至少也是参与决策的。

秦孝公十年（前352），商鞅以秦大良造的身份亲率秦军围攻魏国的安邑，一举打败魏军。这是秦国自商鞅变法开始后所取得的一次军事大胜。

第十一章　英勇善战

过了一年，商鞅率兵围攻固阳，以强劲的攻势，迫使魏国进一步退缩。这对于商鞅提高在秦国的威望、为他正在进行的改革赢得时间，都是起了重要作用的。后来，魏国组织反攻，商鞅权衡利弊，安排了秦孝公与魏惠王在彤地会晤，促成两国暂时讲和。这是完全适应商鞅在政治上的需要的。

此后的十余年，秦魏之间没有发生大战。到秦孝公二十二年（前340），商鞅又一次出兵攻魏。这次出征前，商鞅曾对秦孝公分析了此战的意义。在他看来，秦、魏势不两立，原因是秦与魏相接，无论是谁强大，都会向对方进军，危及其安全。商鞅认为，当时魏国刚败于齐国，尚未喘过气来，这正是秦国向它进攻的良机。这一仗，一定要打赢，至少要迫使魏国东徙，使秦国得以控制黄河以西的地区，为争霸事业打下坚实的基础。

此时对秦国来说，确实是难得的良机。秦孝公听了商鞅一席话，当机立断，下令出兵，并委任商鞅为主将。据《史记·魏世家》记载，这一年是秦、赵、齐共同伐魏，魏国损失惨重。

从军事实践来说，商鞅曾几度出征，打过一些大仗、难打之仗，而且均取得胜利。从军事理论来说，商鞅在战国时代也是少有的天才人物。在《商君书》的《境内》篇中，较多地谈到与战争、军事有关的内容，还有《战法》《立本》《兵守》这几篇，也

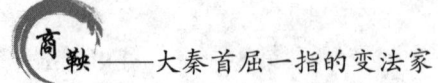
商鞅——大秦首屈一指的变法家

是着重讨论战争及军事问题的。

商鞅是一位杰出的军事家,古人早有定评。《荀子·议兵》中即言:"齐之田单,楚之庄𫏋,秦之卫鞅,燕之缪虮,是皆世俗之所谓善用兵者也。"可见,在战国时期,商鞅是"善用兵者",得到几乎一致的公认。到了汉代,《汉书·刑法志》道:"吴有孙武,齐有孙膑,魏有吴起,秦有商鞅,皆禽敌立胜,垂著篇籍。"班固把商鞅和孙武、孙膑、吴起等相提并论,无疑充分肯定了商鞅是一流的军事家。班固说的"禽敌立胜",是指军事实践,而"垂著篇籍"是指理论建树。班固肯定了商鞅是一位既有实践又有理论建树的大军事家。

从《汉书·艺文志》得知,商鞅有军事著作《公孙鞅》,列在兵家、权谋类,共二十七篇。可惜的是,这部书早已失传,今已无法知其概貌。或许,今之《商君书》中的某些篇章,例如,《战法》《兵守》之类,正是《公孙鞅》一书的组成部分。

商鞅的言论和他所推行的政策很容易给人一个印象——他是一个好战之徒。但商鞅论述过从事战争的目的:"以战去战。"他力图辩白自己并非好战,而是要通过战争去消灭战争。

第十一章　英勇善战

二、用兵之道

商鞅说过他的"用兵之道":"用兵之道,务在壹赏。"(《商君书·算地》)当然,单凭这句话,并不能完全概括他的"用兵之道",但这句话也说明他的基本思想,要取得战争的胜利,关键在于统一奖赏。

战争,要使民心一致,也要使全国上下集中力量对付敌人。商鞅的军事思想具有"全民动员""全民战争"的内容。他所考虑的作战主体,是"境内之民",也就是全国人民。

商鞅是古代军事家中比较重视全民总动员的,他说:"圣王见王致之于兵也,故兴国而责之于兵。"(《商君书·画策》)其意即成就王业要靠兵,因此需要动员所有的成年人投入战争,人人都是战士,人人都能打仗。

在《商君书·兵守》中,出现了一个战时全民总动员的方案,全体民众被编为三军:"壮男"即成年强壮男子为一军,"壮女"为一军,老弱者为一军。从这个方案可以看出这样的设计:战争打起来时,所有的人都要参战,都是军事人员,都要承担作战任务。商鞅在历史上较早明确提出了"兵民"的思想。兵民,就是武装人民,全民皆兵,兵民合一,平时是民,致力于耕作;战时是兵,都可以打仗。这样一来,便能够充分发挥人民在战争中的作用。同是一个农民,平时耕作,随时准备、也随时可以出战,战罢归田,仍旧务农。这样一支特殊的军事力量,不是常备军,也是常备军,是另一层意义上的常备军。要分析敌我形势,"凡世主之患,用兵者不量力"(《商君书·算地》),"量力"就要"程敌",即正确估量敌方的力量。"政不若者勿与战,食不若者勿与久,敌众勿为客。"(《商君书·战法》)只有在"敌尽不如"的情况下,才能够"击之勿疑"。他总结出:"兵大律在谨,论敌察众,则胜负可先知也。"(《商君书·战法》)他是不主张"追穷寇"的,"见敌如溃,溃而不止,则免"(《商君书·战法》)。他反对轻敌深入,冒险一逞,特别是白白消耗自己的有生力量:"其过失,无敌深入,偕险绝塞,民倦且饥渴,而复遇疾,此其道也。"(《商君书·战法》)这是指挥作战中要尽力避免的。

商鞅又提出:"用兵久处利势,必王。"(《商君书·弱民》)这类似于后世的"持久战胜"的思想,即通过较长时期的积累优势而最终战胜敌人。他还说:"故兵行敌之所不敢行,强;事兴敌之所羞为,利。"(《商君书·弱民》)这里提出的见解是:打仗、作战,都要有自己的特点,敢作敢为,不受拘束。当然,所谓"事兴敌之所羞为",也体现出商鞅不择手段的一贯作风。

第十一章 英勇善战

商鞅有一个非常正确的观点:"王者之兵,胜而不骄,败而不怨。"(《商君书·战法》)他进一步解释说,"胜而不骄"是因为胜利来自战术的高明,这本是预料中的事,并不值得过分骄傲;而"败而不怨"是因为通过检讨知道战败的原因。

三、治军之术

商鞅的治军之术,最重要的有两点。一是军法严厉,以法治军;二是赏罚分明,在军队中实行有效的激励机制。

商鞅军事思想的一个显著特征是非常重视将士在战争中的作用。他提出:"民勇者,战胜;民不勇者,战败。"(《商君书·画策》)这种把参战者的勇敢程度作为战争胜败的一个主要条件的思想,充分显示了商鞅对战争中人的因素,更具体地说是人的积极性、主动性因素的极度重视。商鞅对将士的要求是"出死而为上用也"(《商君书·赏刑》),上了战场,不应有任何别的考虑,就下决心拼杀,准备献身。在他的军队中,"怯民勇,勇民死"(《商君书·去强》《商君书·说民》)。人人都得拼命,根本不允许懦夫、逃兵出现。这是一支只有胜利而幸存、没有失败而苟活的军队。

商鞅重视士兵,也重视将领。他认为,在其他各个因素大致相同的情况下,胜负就有可能取决于将领了,"将贤则胜,将不

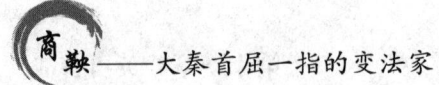——大秦首屈一指的变法家

如则败"(《商君书·战法》)。

商鞅特别重视对参战将士的激励机制。他在这方面有很多言论，也有较完备的制度。他说："行赏而兵强者，爵禄之谓也。"(《商君书·错法》)为此，他确立并充分利用了军功爵制，让勇敢杀敌者能够得到奖励，既有很高的荣誉感，又得到物质利益。但是，要从商鞅那里得到奖励也并非易事。不能无缘无故地给予奖励，也不能让奖励和贡献有过大的不相称，因此，他认为"行赏赋禄不称其功，则战士不用"(《商君书·修权》)。国君和政府在实行奖赏时要舍得财物，不要吝啬。

商鞅心目中的民众或者将士，都是追求物质利益而不顾性命的。他说："勇民使之以赏，则死。"(《商君书·说民》)"民见战赏之多则忘死。"(《商君书·外内》)商鞅认为，重赏是可以让战士出死力，奋不顾身拼死而战的。在商鞅的心目中，没有"怯民"，只有"勇民"："故怯民使之以刑，则勇；勇民使之以赏，则死。"(《商君书·说民》)依靠刑赏两手，"怯民"可以变得勇敢，"勇民"能够不顾一切。当然，奖励的标准也要尽量统一，因此他特别强调"壹赏"："赏壹则爵尊，爵尊则赏能利矣。"(《商君书·立本》)

商鞅在秦国上下推行普遍军事化的政策，使秦国处于"兴兵

第十一章 英勇善战

而伐""安居而农"的耕战体制下。在他看来,"战事兵用曰强,战乱兵息而国削"(《商君书·去强》)。国家必须时时保持高度的戒备,经常用兵打仗,否则就无法强大,甚至要亡国。按照商鞅的设计,秦国的每一个国民都应该是处于战争亢奋状态的人。如果没有战争,他们会无精打采;一有仗打,他们就精神十足,摩拳擦掌。他说:"凡战者,民之所恶也。"(《商君书·画策》)老百姓是害怕战争、厌恶战争的。他还说:"民之外事,莫难于战"(《商君书·外内》),显然,老百姓并不真正愿意打仗。然而,"功立而富贵随之"(《商君书·错法》),通过军功可以富贵,可以改变任何人的社会地位,这就是商鞅在军队和战事中实行激励机制的实质。通过这样的激励,民众的欲火燃烧起来,全国的价值取向也一致了。通过一系列政策,秦国所有的百姓都无法逃避农战。

商鞅以他的政策,营造了一个"举国乐战"的氛围。他也精明地计算到,通过战争取得财物,再行厚赏,打更大的胜仗,取得更多的财物,所谓"明赏不费"。"兴兵而伐,则武爵武任,必胜。"(《商君书·去强》)这就是说,如果兴兵出击,按功论赏,授官授爵,就一定能取得胜利。"为国而能使其民尽力以竞于功,则兵必强矣。"(《商君书·错法》)他主张严格治军,做到"三军之士,无敢犯禁者"(《商君书·赏刑》),使全军上下令行禁止,动如一人,

"是以三军之众，从令如流，死而不旋踵"(《商君书·画策》)。

商鞅对军队的编制和管理，基本上是这样的："行间之治，连以五，辩之以章，束之令。拙无所处，罢无所生。"(《商君书·画策》)在部队的基层，五人为伍，用一定的标志来识别，用严格的命令加以约束。让他们无法逃走，因为逃走是无处可以安身的。他们只能战胜，不能战败，因为战败他们将没有生路。

商鞅建立了一支精锐部队，这就是威震各国的"锐士"。按照《荀子·议兵》的比较，"故齐之技击不可以遇魏氏之武卒，魏氏之武卒不可以遇秦之锐士"，秦国的精锐部队"锐士"的战斗力要胜过魏国之"武卒"，更胜过齐之"技击"。商鞅也注意到军队所处环境对军人的影响。"令军市无有女子"，使"轻惰之民不游军市"(《商君书·垦令》)，都是出于这方面的考虑。因此，他也十分重视对军队内外的军市的管理和控制，使之不影响和削弱军队的战斗力。

四、战在"政胜"

商鞅与先秦其他"兵家"还是有所不同的，其中一个显著的差别，就是商鞅重视战争以外的因素对战争的影响，他是特别强调战在"政胜"的军事家。孙武、孙膑、尉缭子等在著作中主要

第十一章 英勇善战

只讨论兵法问题,即军事谋略、战略策略等。商鞅则在讨论兵法的同时,时时不忘兼论影响军事成败的社会、政治、经济以及民风等因素。他是一位全方位思考制胜条件的军事家。他认为要取得战争的胜利,必须要有政治上的保证:"凡战法,必本于政胜,则其民不争,争则无以私意,以上为意。"(《商君书·战法》)只有把国家的政治搞好了,国内能够团结一致,全国人民能够同心同仇,这样,才有取得战争胜利的基本保障。商鞅说:"政久持胜术者,必强至王。"(《商君书·战法》)"政胜",还有一个要点,那就是"错法":"若兵未起则错法,错法而俗成,而用具。"(《商君书·立本》)在大规模或全国的军事行动前,要落实法律、实行法治,这就是"错法";要按法律的精神调整全国上下的行为规范,这就是"俗成";其次才是"用具"即为进行战争作好充分的物质准备。只有把这几件事做好了,才有可能克敌取胜。

在《商君书·立本》中对此有很好的说明:"兵生于治""俗生于法","兵"是由于政治得当才会强,"俗"是由法律来引导、规范的。商鞅强调,用兵要量力,即注意敌我力量的对比,平时要不断增强自己的实力,临战前要衡量是否有取胜的保证。"故兵出,粮给而财有余;兵休,民作而畜长足。此所谓任地待役之律也。"(《商君书·算地》)这就是利用土地发挥其作用,积蓄力

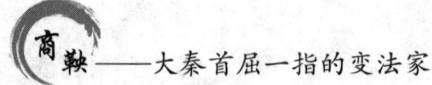

量,以等待战争的常规做法。

在经济与军事的关系问题上,商鞅始终把"农""战"并提,"国待农战而安,主待农战而尊"(《商君书·农战》)。在他看来,只有时刻不忘"农""战",紧紧抓住"农""战"这两个最基本的治国之纲,就可以有战而必胜的把握。前方打仗,后方驰援不断,供给充足,这样打起仗来才有取胜的物质保证。

商鞅能超越战争来看战争,从直接武装冲突以外的各个方面对战争的制胜作综合考察,这是很高明的。春秋时期卓越的军事家孙武说:"不战而屈人之兵,善之善者也",已经包含有不战制胜的思想,而商鞅对此作了进一步的发展。

第十二章
悲惨结局

一、一生巅峰

商鞅推行新法近二十年，变法取得显著成效的时候，商鞅正处在他一生的顶峰。他爵至大良造，职权相当于宰相，实际上是集军政大权于一身，在秦国可称位极人臣，国君之下，无人可及。他的封地在商於，有十五邑，地不谓不广，虽然并不是独立王国的邦君，但食封称君，有权有势。

春秋战国时期的思想家，多数落魄。孔子曾四处碰壁，又在陈、蔡遭困厄，终其一生，并没有当什么大官。孟子同样历尽辛苦而不得其志。庄子则鄙视富贵，不愿为功名官位所羁，故只做过漆园吏。荀子只做过县令一类不大的官。韩非子终于被秦始皇所赏识，但随即遭到李斯、姚贾等人的嫉害。只有吕不韦，因大搞政治投机获得成功，身为相国，显赫一时。商鞅不能不说是他们当中的幸运者。他在秦国是客卿，却没有受到排挤。他平步青云，没有难对付的政敌。他得到秦孝公的充分信任和全力支持，一直没有受到猜疑，能够较顺利地实现自己的政治抱负。

第十二章 悲惨结局

商鞅一生的最后几年,过得是十分风光的。这从赵良和他的一段对话中可以看出。赵良是秦国的一位宗室贵戚,经孟兰皋的介绍,商鞅才认识了这位贵人。在秦孝公去世前大约半年之时,赵良去见商鞅,和他从容长谈。赵良以"非其位而居之曰贪位,非其名而有之曰贪名"等语教训商鞅,但商鞅没有兴趣听他这些,直截了当地问他"子不说吾治秦与""子观我治秦也,孰与五羖大夫贤"等问题,可见商鞅也是很想知道这位秦国要人对他和他的政治是如何评价的。

五羖大夫即曾辅助秦穆公建立霸业的百里奚。在赵良看来,商鞅怎配和百里奚相比,因此他对商鞅作了激烈的批评。赵良还批评了商鞅的作风,他是这样描述商鞅的日常生活的:外出时,后面跟着数十辆车子,有武装卫队,赶车的是彪形大汉、赳赳武夫,队伍的前方和两旁还有许多全副武装的士兵开道。按照赵良的说法,商鞅每次外出都是这样威风凛凛,仪仗、卫队,少一点都不出去。"恃德者昌,恃力者亡",在他看来,商鞅的权势是长不了的。

赵良说这番话,其意无非是说商鞅已经位登人极,高而危殆,应当警觉了。值得注意的是,对于赵良说他如何威风的话,商鞅未作任何反驳,可见,赵良并无不实之言。商鞅在秦国如此趾高气扬，不能不使秦国的旧贵族对其怒目而视，妒火中烧。不仅如此，他还"南面而称寡人，日绳秦之贵公子"。如此说来，商鞅也确有僭越行径，因为当时只有国君才能称"寡人"，商鞅虽受封为商君，但根本没有资格称"寡人"。像他那样"日绳秦之贵公子"，对这些公子哥儿严加管束，几近于"专政对象"，又怎能不激起秦国贵族的无比仇恨？

赵良对商鞅的一席话，既有劝告，也有威胁。他一再引征《诗经》中的句子，"相鼠有体，人而无礼；人而无礼，何不遄死"是说商鞅做得太不像话，还不如早死；"得人者兴，失人者崩"是说商鞅人心失尽；"恃德者昌，恃力者亡"是说商鞅靠强权推行他的新政、维持他的权势，这是取亡之途。赵良的结论是："君之危若朝露。"商鞅已经到了必须悬崖勒马的时候了。他给商鞅开了一方，可以延年益寿，那就是归还封地，然后归隐，灌园以度余年，否则就"亡可翘足而待"了。

赵良确实预计到了商鞅日后的悲剧，但这并不是说他一定有多么高明，因为他所说的可能性当时确实存在，谁都能预见几分，只不过赵良和盘托出而已。他说："君尚将贪商於之富，宠秦国之教，畜百姓之怨，秦王一旦捐宾客而不立朝，秦国之所以收君者，岂其微哉？"这里所"预见"的就是秦孝公死后，商鞅

第十二章 悲惨结局

将难保其位、其身。

二、靠山倾倒

深夜时分,商鞅仍在沉思。他虽未听进赵良的劝言,但也认同其中的部分道理。特别是赵良和老师尸佼都提及的一个问题:若秦孝公先于他离世,他该如何应对?商鞅不得不正视这一问题。尽管秦孝公近期身体欠佳,时常咳嗽,但他认为还不至于危及生命。然而,这样的想法很快像泡沫一样破灭了。

一日,院中值更的仆人通报:"谒者到访!"商鞅心生疑惑,知谒者深夜来访必有急事,遂赶快出门迎接。"大人,国君身体不适,突然昏厥,请您速速入宫。"仆人的话让商鞅震惊不已。事实上,秦国国君的平均寿命并不长,加之当时的医疗条件有限,以及他们普遍勤于政务,身体往往不堪重负。秦孝公便是如此,长期劳累导致他的身体不堪重负。有人认为秦孝公在商鞅变法后退居幕后,实则不然。秦孝公一生勤勉于政,虽变法事务多由商鞅主持,但真正的决策者仍是秦孝公。例如,在变法初期反对声浪高涨时,秦国并未发生兵变,这足以证明秦孝公的政治驾驭能力。

秦孝公二十四年(前338)春,商鞅与秦孝公进行了最后一次会面。二十三年的君臣情谊，二人共同历经多少风风雨雨，如今却面临生死离别。秦孝公深知自己去世后，商鞅将面临巨大的威胁，宗室贵族定会伺机报复。因此，他必须在生命的最后一刻作出安排。有传言称秦孝公欲传位于商鞅，虽难以考证，但并非全无可能。一方面，秦孝公开创的政治事业仍需商鞅这样的坚定支持者来推进；另一方面，二十余年的君臣合作，建立了深厚的信任与忠诚。从个人情感角度看，秦孝公对商鞅的呵护也是真诚的。因此，秦孝公临死前可能有过传位于商鞅的考虑。西汉刘向在《战国策》中对此事有所记载："孝公行之八年，疾且不起，欲传商君，辞不受。"若此记载属实，则反映出秦孝公与商鞅两位政治家的宽广胸襟与不计私利。不过，对此说法持质疑态度者亦不在少数。《战国策》虽叙事生动、善用寓言，但其中所记史实多有不实之处，这已为史学界所公认。而且，即便《战国策》中关于秦孝公欲传位商鞅的记载非虚，但仅凭这一孤证亦难以令人信服。因此，更合理的推测是秦孝公"临终托孤"，期望商鞅能在他去世后继续辅佐新君，推进强秦战略。无论如何，秦孝公的生命就要走到尽头，商鞅的巅峰时刻即将落幕。

第十二章 悲惨结局

三、新君不容

秦孝公二十四年（前338），秦孝公去世，享年43岁。秦孝公名渠梁，21岁即位，于前361—前338年在位，共做了二十三年的国君。他一生的事迹与重用商鞅以及支持他在秦国变法紧密联系，而其他方面记载在史册中的甚少。秦孝公是一个发奋有为的少年国君。他刚即位就发愤图强，在公孙鞅入秦前，他就已出兵东围陕城，西与戎族接战，斩其獂王。结合他的求贤强国令来看，他的确是少年有为，难能可贵。秦孝公虽然在位时间不是很长，但也是秦国历史上一位有重要贡献的国君。他在位的二十三年间，秦国实现了由弱到强的转变，秦国的历史实现了关键性的转折。此后虽然还有曲折，但秦国越来越强的趋势已经肯定。

秦孝公，历史上最有力地支持改革的统治者之一。王充说得很有道理："观管仲之明法，察商鞅之耕战，固非弱劣之主所能用也。"（《论衡》）像秦孝公这样的君主，不但绝非弱劣之主，而且还堪称历史上杰出的明君。最值得肯定的是秦孝公对商鞅的长期信任和合作关系。这在历史上确实是少有的。

秦孝公之后，他的儿子嬴驷继位。嬴驷初仍称君，后才改称王，故在史书中，他有"惠文君"和"秦惠王"之称，还被称为

"秦惠文王"。下面，我们称他为秦惠王（前337—前311年在位）。

秦惠王在当太子时就和商鞅有过冲突，商鞅开始推行新法后，遇到很大阻力。正好这时太子也触犯了法律，商鞅便以这一典型案例实践违法必究的原则。他认为，法律难以推行，正是由于贵戚带头不遵守法律，要行新法，就要让贵戚做"榜样"。太子犯了法，也一样要依法惩处。当然，考虑到太子毕竟不同于常人，犯了要受黥刑之法，那就只能黥他的师傅。于是，果然对太子的师傅公子虔、公孙贾施了刑罚。这件事在秦国上下引起极大震动。秦人由此看到了商鞅实行新法的决心，受到一次极深刻的法制教育。"于是法大用，秦人治。"（《史记》）但是，这件事太子一直耿耿于怀，认为商鞅做得太过分了，是有意和他过不去。很多宗室也因触犯法律而受到各种处罚，对商鞅心怀不满。秦孝公死，太子立，他们出一口气的机会到了。

当然，这对于商鞅被杀一事来说，还只能说是表面原因。到秦惠王继位时，商鞅已经是一个经验丰富的老政治家了，他在秦国的威望也早已大大超过初来之时。因此，对秦惠王来说，能不能控制得住商鞅，自然是个问题。

秦惠王在位期间，秦国沿着商鞅开创的强国之路继续发展壮大，面貌又有了新的变化。秦惠王卓越之处是虽杀商鞅但不废其法。在中国历史上,因人废言、废法之类的事情太多太多了。好像一个人被"打倒",他的言论、办法也都不能再用,甚至提都不能再提。可是秦惠王不是这样。可以想象,他对商鞅是恨之入骨的,他在杀掉商鞅后,也可以以他手中的权力废除商鞅在秦国树立的新法,甚至还可以和新法"对着干"。但他并没有这样。他继续执行商鞅的新法,并无变更。这使秦国的变法事业没有中断,强国事业继续了下去。秦国后来能够完成统一大业,秦孝公有一份功,秦惠王也有一份功,这份功劳并不因为他杀害了商鞅而被抹杀。

四、作法自毙

秦孝公二十四年(前338),秦惠王即位,以前受过商鞅惩处的公子虔等人上告商鞅企图谋反,秦惠王决定立即控制商鞅。但商鞅事先得到了消息,逃出咸阳,开始了一段为时不长的逃亡落难的生活。

商鞅离开咸阳后开始逃往魏国,到达秦国边境时天已经黑了。守关士兵拦住商鞅一行,声称:"商君有令,黄昏后非公事不得出城。"商鞅这才意识到必须投宿住店,他来到一家逆旅投宿。逆旅,也就是客舍、旅店,在中国早就有了,但因行业特殊而受严格控制。商鞅走进这家旅店，店主走出来说："既然是客人我们当然欢迎，请问您是谁？先出示身份证件。"商鞅不能泄露身份，只能说自己忘了带身份证明。店主于是说，根据商君的法令，住宿客人是要验证登记的，否则要连坐受罚。商鞅一听，不禁万分感慨地说："嗟乎，为法之敝一至此哉！"真想不到自己会作法自毙。

秦国法网严密，覆盖全国乃至每个乡邑，都在官府有效控制之下，任何人都难以找到藏身之处，商鞅无法，只好逃回他二十多年前生活过的魏国。但是，魏国也一样没有他的立足之地？商鞅为秦国效劳，多次打败魏国，魏国国力大衰，人民也吃了很多苦头，因此，魏国上下都对商鞅恨之入骨，怎么会再善待他？眼看自己在魏国随时都可能有杀身之祸，商鞅只得又逃回秦国。万分危急的时刻，他想到了自己的封地，只有在那里，或许有最后一线求生希望。

他逃到商於。果然，当地有些人还支持他，愿意跟随他。以往，秦国旧贵族在封地拥有较多私家军队。商鞅变法实施后，这些私家军队大多被国家整合。由于商鞅的封地是刚获得的，仍保留着一支规模较小的私家军队。商鞅检阅后发现，这支部队难以与强大的秦军抗衡，心中涌起失败的预感，但他很快镇定下来。

第十二章 悲惨结局

随后，商鞅集合了封地十五邑的兵力，并向民间招募士兵，迅速组建起新部队。此时，秦惠王已调集大军从西、北两面进攻商於地区。北路秦军势力强大，但商鞅灵活应对，避开主力，从小路北上出击郑。

北路秦军在攻至商邑附近时，因不了解防守情况而犹豫不决。此时，有当地人向秦军透露商鞅已北上。秦军军官大惊，立即调头追击商鞅。商鞅很快被秦军包围。在守城的同时，商鞅准备突围，但一名旧贵族暗中打开城门，放秦军入城。商鞅见守城无望，便再次逃跑。

秦孝公二十四年（前338），商鞅历经艰难，逃至郑黾池（今河南渑池西），但最终还是被秦军追上并杀害。秦惠王为泄愤，下令将其五马分尸。商鞅死后，官府公告称："莫如商鞅反者！"秦国百姓对此反应平淡，仿佛无事发生。后世史家评论"秦人不怜"。这并非因为秦人缺乏怜悯之心，而是他们已习惯于"法制社会"的思维方式，认为违反规则就应受罚，无论罪过大小。商鞅自己也曾表示，不能以功抵刑。因此，商鞅因谋反被处死，在秦人看来并无异常。

商鞅在商邑举兵，自然给秦惠王一个极好的借口，因为这样就可以处以他叛国之罪了。但分析起来，商鞅的起兵实属万般无奈。如果商鞅从一开始就要叛秦，他逃出咸阳后就可以去商邑，因为那是他比较可靠的根据地。看来，商鞅是想跑回魏国，借魏国的兵力再杀回秦国的。这本是战国纵横家的惯用故伎，并不足奇。但他得罪魏国太深，无法让魏人给他任何机会，这又是他没有料到的。魏国人痛恨商鞅是必然的，商鞅并不是魏国人，但他曾在魏国生活过，是从魏国跑到秦国去的，像他这样不遗余力地为秦国效劳，甚至不惜采用欺骗旧友的阴谋手段，整垮了魏国的精锐部队，这怎么不令魏人痛心疾首，又怎么不令魏人恨之入骨？

纵观商鞅一生，他足智多谋，善于为国排忧解难。他用他的智慧为秦国赢得了无数次胜利，赢得了国富兵强。但是一旦他陷入困境，又似乎没有什么办法，这是为什么呢？道理并不复杂。商鞅个人是足智多谋的，但他的成功是与秦国联系在一起的，他依靠秦孝公的支持、依靠秦国军民的力量，因此能大有作为。一旦离开了，他就毫无力量了。

秦国怨之，这也是不可忽视的因素。秦民到底对商鞅是什么态度？《史记·商君列传》中说商君变法，"秦民大说"，又说他"卒受恶名于秦"。实际上，秦人也好、历史也好，对于商鞅这样一位人物，对他在秦国所实行的变法、确立的制度，都不能简单

第十二章　悲惨结局

地说"好"或是"不好"。以当时亲身体验了商鞅变法的秦人来说，也是有各种态度、各种评价的。但是，商鞅行法过严，伤人过多，对立面一定不小。特别是那些贵族更是对他恨之入骨。因此，对于他的身败名裂，暗中高兴的人一定存在。

五、车裂之刑

对于商鞅的死因，王充曾说："商鞅变秦法，欲为殊异之功，不听赵良之议，以取车裂之患，德薄多欲，君臣相憎怨也。"（《论衡》）说商鞅"德薄多欲"，意在他是咎由自取，而"君臣相憎怨"，当是指商鞅与新即位的秦惠王之间的矛盾，因为秦孝公与商鞅之间，一直相处得很好。

商鞅是战败被杀的，但史书记载中又总是说他被车裂而死，这是怎么回事呢？车裂，俗称"五马分尸"，是古时一种酷刑。在秦国和秦朝一直是最残酷的刑罚之一。车裂，一般是对活人进行，用强力分裂人的肢体。但从商鞅受车裂之刑的情况来看，是分裂尸体。在我们今天看来，分裂尸体，对于这个已经死去的人来说，实在算不上什么痛苦了，因为人一死，所有的感觉都已不再存在，不管怎么折磨他，也不能再增加他的痛苦。但是，古人往往认为，人死了还是有知觉的。因此，对尸体再施加一些刑罚是有用的。更重要的是，对尸体实行车裂之类的酷刑，实际上是做给活人看的。

车裂，使商鞅之死变得更加惨烈、悲壮。这是中国历史上较早一位为改革事业而流血的先驱人物。商鞅的血，殷红殷红的，在战国时期的历史上，很显眼，很醒目，它告诉后世的人们：改革，是很可能要流血的。商鞅的死，与战国时期的其他一些改革家，如吴起等人，有所不同，他不是死在改革初起之时或改革的攻坚阶段，他死在改革获得很大成功、他的事业正如日中天的时候。

可以说，商鞅去世前，他的事业和他的声望正达到顶峰。发生逆转的速度令人瞠目。商鞅的死因是不难分析的。一是因为商鞅所行新法过于严苛，民怨过大。对此，《淮南子》就指出："商鞅立法而支解。"东汉学者高诱在为之作注时进一步明确地说："商鞅为秦孝，分立治法，百姓怨之，以罪支解。"这一说法，并不能直接说明商鞅的死因。这是因为，商鞅立法在秦国引起的反应是各种各样的，并不能用"百姓怨之"而一言以蔽之。当然，这里所说的"分立治法"，并不是指秦国在商鞅变法期间推出的全部新法，而是其中一部分惩罚过于严酷的法律，这无疑是最为秦人所不能忍受的。还必须看到，百姓的怨恨，并不能直接促成

第十二章 悲惨结局

商鞅之死,《淮南子》的说法确实道出了商鞅之死的深层原因。二是因为秦国的旧贵族对商鞅的仇恨,终于等到机会可以报复。三是因为商鞅对刚继位的秦惠王构成威胁,秦惠王从自己的利益出发,必然要除掉商鞅。这三者中,起关键性作用的是秦惠王的态度。正是他下达控制商鞅的命令,从而迫使商鞅铤而走险的。然而,促成商鞅之死的,还有一位关键人物,他就是公子虔。

公子虔,曾在秦惠王尚为太子时担任师傅,因太子犯法,不便加惩,而将他处以刑罚。这大大伤害了他的面子。后来,他又一次犯法,被处以劓刑,弄得他无法见人,所以他在此后有八年闭门不出。秦孝公一死,他也像幽灵一样活跃起来了。他非要搞倒商鞅,出一口气才肯罢休。他跑到秦惠王那里摇唇鼓舌。他不说自己以前被商鞅处罚之事,这显得自己气量狭小,挟私报复。他利用秦惠王的心态,对秦惠王说:"大臣太重者国危,左右太亲者身危。今秦妇人婴儿皆言商君之法,莫言大王之法,是商君反为主,大王更为臣也。且夫商君,固大王仇雠也,愿大王图之。"

这段话中,说商君是秦惠王之仇雠,倒是事实,但那是公仇,不是私仇。这段话也反映出商鞅变法在秦国取得的成效,因为这里说到新法的深入人心,就连公子虔也不能不承认。至于说秦国上下"皆言商君之法，莫言大王之法"，这实在是卑劣的挑拨，因为秦惠王刚刚继位，还没有任何政策措施，怎么能说得上"大王之法"？变法事业正等待他去继续，去作新的开拓。公子虔这段话中，最为关键、最能对商鞅构成杀伤力的，是"商君反为主，大王更为臣也"，这也是秦惠王最后下决心"图之"的决定性的关键原因。在君主专制政体下，必须维持和维护"君君臣臣"的秩序，君王最担心、也最要防范的是臣的能力、权力、威望、影响超过自己。

商鞅深通法家理论，对于在权力顶峰应该如何明哲保身，不至于一点没有想到过。也许是因为他在秦国取得了极大的成功，正处于全盛之时，再加上秦孝公对他非常信任，他们君臣关系非常融洽，因此，他对突如其来的变化缺乏思想准备，也没有任何应急的考虑和布置。当形势急转直下时，他完全乱了方寸，胡乱抵挡了一阵，很快就失败了。

第十三章
后世影响

一、商君有书

商鞅有他的著作流传后世。在《汉书·艺文志》中,两次列录商鞅的著作:其一为《商君》二十九篇,列在《诸子略》法家类;其二为《公孙鞅》二十七篇,列在《兵书略》兵权谋类。另外,在《诸子略》农家类中,有《神农》二十篇,据唐代颜师古引刘向《别录》中"疑李悝及商君所说",则其中也包含商鞅的学说。

流传至今的《商君书》,尚存二十六篇,有题无文即仅存目录者两篇,故全书实存二十四篇。这二十四篇长短不一,而且相差悬殊。最短为《立本》篇,今存仅一段,不超过二百五十字;《战法》由六小段组成,每段在三十字至六十字之间。

《商君书》究竟何时成书?作者是谁?这都是长久以来聚讼纷纭而一直没能解决的问题。一种说法认为,全书都是后人伪托之作,作者可能是战国晚期的秦人,也可能是在秦的东方六国的客卿。还有人认为该书作者是商鞅的门客或后学。也有人认为此

第十三章 后世影响

书正式成于秦汉间,或更确切地说是在汉代。另一种说法认为,此书是商君部分遗著和其他法家遗著的合编,至于书中何为商君遗作、何为他人所著,看法就很不相同了。

关于商君之书,较早提到的是《韩非子》:"今境内之民尽言治,藏商、管之法者,家有之。"此语显然有夸张性成分,"家有之",会如此普及吗?再说,"商、管之法",也未必就是商鞅、管子所著之书。但是即使如此,韩非子在世时,商鞅的著作已有可能广泛流传。《韩非子》中多次引用商鞅的言论,该书的《饬令》也有因袭《商君书·靳令》的痕迹。

清代的《四库全书总目提要》认为:"今考《史记》称秦孝公卒,太子立,公子虔之徒告鞅欲反,惠王乃车裂鞅以殉。则孝公卒后,鞅即逃死不暇,安得著书?"如此发问,实欲否定商君有著书的可能,但所述理由未必充分。应当说,商鞅生前还是有充分的时间著书立说的,当然,这也并非肯定在他生前已经有书流传。较大的可能是他在变法的过程中,陆续起草了一些文件,这些材料保存下来,就是后人所见的《商君书》的原始素材。有人猜测,《商君书》有可能是商鞅死后,由他的弟子甚至再传弟子编辑而成,而后逐渐流传开来的。但如果是这样,照例应尊称商鞅为"子",或者至少语气中带有敬意,然而,我们从《商君书》中看不出来,书中通篇是"公孙鞅"如何如何,不像是学生称老师或门徒称宗师的口气。因此,可以推断,该书的编定可能是由秦国宫廷主管图书档案的御史之类的官员所完成。《商君书》的基本材料,是商鞅留下的文稿和文件,其中至少有一部分出自商鞅之手,应是没有疑问的。至于现存《商君书》中的各篇,是否直接出于商鞅之手,情况并不一样,需要具体分析,再作判定。

《商君书》的首篇是《更法》。该篇首句就称秦孝公为"孝公",孝公是谥号,谥号是人死后,根据谥法,结合死者生前的表现和贡献给予的称号。因此,此篇不可能是商鞅生前所著。应该说,此篇是根据商鞅初入秦时在秦孝公面前与大臣甘龙、杜挚辩论的原始记录整理的,有整理者加工的色彩。

在《商君书》的某些篇中,出现了一些绝不可能是商鞅时代出现的词语,提到了商鞅去世多年之后发生的历史事件。如《弱民》就记述了秦昭王二十九年(前278)秦军攻破楚国都城郢(今湖北荆州市荆州区西北)和另一重镇鄢(今河南鄢陵西北)这些重大事件。此时商鞅已经离世。有的研究者认为《弱民》的一部分系录自《荀子·议兵》。

《徕民》篇也有类似情况。该篇中有"自魏襄王以来,野战

第十三章　后世影响

不胜，守城必拔，小大之战，三晋之所以亡于秦者，不可胜数也"。魏襄王逝于秦昭王十一年（前296），此时商鞅也已经离世。《徕民》中还提到了"长平之胜"。当然，历史上可能有其他"长平之胜"，因未见于史载而不能确定，但著名的秦、赵长平之战是发生于秦昭王四十七年（前260），距商鞅去世久远。

看来，《商君书》的确是一部情况比较复杂的书，对于其作者问题不能过于武断。太过细致的研究，如果缺乏足够的证据，也不会令人信服。总的说来，对于《商君书》的作者，基本上有肯定商鞅所著和否定商鞅所著两种意见。首先，各篇要作具体分析，不宜一概而论。其次，该书最基本的内容，还是由商鞅的言论、文稿等直接积累起来的，与商鞅有着密切的关系。商鞅在秦国得志的时间长达二十余年，他要著书立说是有足够的时间和条件的，因此，商鞅著书还是有可能的。

遗憾的是，商鞅的另一部著作《公孙鞅》早已亡佚了。对于此书，人们无从了解，只能作一些猜测。

《商君书》的片断，有可能商鞅在世时就已开始流行，但今日我们所见的《商君书》的成书和流传，应是商鞅逝后之事。这从该书所涉及之事，最晚的是发生于秦昭王四十七年（前260）的长平之战即可看出秦始皇的暴政之一，就是大规模的焚书，但《商君书》应不在被焚之列，这对它的传播是有利的。

西汉时，商鞅的著作已有了广泛的流传。《淮南子》一书中，言及"商鞅之'启塞'"，"启塞"，就是"开塞"（汉人为避汉景帝刘启之讳，易"启"为"开"）。司马迁曾说："余尝读商君《开塞》《耕战》书"，《开塞》《耕战》都是《商君书》的篇名。《史记·商君列传》中司马迁引用的史料，有一部分当来自《商君书》的最早版本。西汉成帝河平三年（前26），"诏光禄大夫刘向校经传、诸子、诗赋，步兵校尉任宏校兵书"。在有关此次校书的记载中，并无关于对商君之书校订的叙录。这估计是因为该书当时保存较好，内容完整，不需要校定重编。不数岁，刘歆继承父业，编成《七略》，东汉班固又以之为蓝本，作《汉书·艺文志》，商鞅的著作被录于"《诸子略》法家类"和"《兵家略》兵权谋类"。西汉时，商鞅的著作到底是怎样的面貌，现在似乎已难回答。

东汉王充在其所著《论衡》中，对于商鞅著书深信不疑。《论衡·超奇篇》谓："商鞅相秦，致功于霸，作耕战之书。"同书《书解篇》也说："管仲、晏婴，功书并作；商鞅、虞卿，篇治俱为。"并说管仲、商鞅"二子之书，篇章数十"。在三国时

第十三章 后世影响

代,刘备称商鞅的著作为"《商君书》"。《群书治要》称为"《商君子》",而《旧唐书·经籍志》则称为"《商子》"。《隋书》《旧唐书》等都只称其为"五卷"而不记篇数,《意林》也记为"《商君书》四卷"而不记篇数。今见《群书治要》录有《商君书》之《六法》,为今本二十六篇中所无,由此似乎可以推测,唐代所存的《商君书》可能要较流传至今者完整。宋代,至南宋绍兴年间(1131—1162年),该书就仅剩二十六篇了。这从郑樵、晁公武等人的著录可知。陈振孙《直斋书录解题》说到该书时称:"《汉志》二十九篇,今二十六篇,又亡其一。"宋本《商君书》早已不见,据清人严万里所见元刊本,共有二十六篇,但其中有两篇有目而无文,故实际上也只有二十四篇。清光绪二年(1876),浙江书局取严万里校本刊入《二十二子》,此后,《商君书》便以《二十二子》本为底本,这也是今天最常见的《商君书》的定本了。

《商君书》中的大多数篇章都是商鞅变法的实录,其内容真实可靠。首篇《更法》记录了商鞅入秦之初与秦孝公所亲信的两位大臣辩论的情况,最后,商鞅在论战中胜了甘龙、杜挚,完全打消了秦孝公的顾虑,下决心依靠商鞅实行变法。此篇内容大多与《战国策》《史记·商君列传》的内容相仿。反映变法内容最全面而完整的，大约要数《垦令》《境内》等篇了。

《垦令》这一篇，是关于垦荒的法令，是法令的草案。有人认为这是商鞅关于加强农业的法令草案的一个意见书。的确，该篇在内容上并不连贯，系统性较差，除了在流传过程中有可能存在断篇错简的情况外，更重要的是，它还不是正式公布的法令。读过通篇，可以看出，关于"垦令"这一由篇名所标示的主题的内容占主要地位。文中反复论述"则草必垦矣"的各项条件和保证，提到的有"国安不殆，勉农而不偷，则草必垦矣""无所于食则必农，农则草必垦矣"等。

《农战》一篇，可以说是商鞅改革理论的基石和富国强兵之策的精髓。该篇特别强调"国之所以兴者，农战也"，把治国的理论以"农战"二字作了如此高度的概括。

今存《商君书》的第四篇是《去强》。但此篇内容较杂，"去强"二字的标题也未能概括全篇的内容。

此后的各篇，大多与变法的实践有着密切的联系。许多内容也反映了变法进程中采取的步骤和解决的难题。要了解商鞅在秦国从政近二十年间的指导思想，《商君书》还是最全面、最可靠的资料。《史记》的《商君列传》主要记载变法的经过、

第十三章 后世影响

新法的内容和变法的成效,而有关商鞅的思想资料则不够丰富。

二、刻薄少恩

司马迁在《史记·商君列传》中对于商鞅的改革和成效是持肯定态度的,但在该传的"太史公曰"中,司马迁这样评价他:"商君,其天资刻薄人也,迹其欲干孝公以帝王术,挟持浮说,非其质矣。且所因由嬖臣,及得用,刑公子虔,欺魏将卬,不师赵良之言,亦足发明商君之少恩矣。余尝读商君《开塞》《耕战》书,与其人行事相类,卒受恶名于秦,有以也夫!"大意为商鞅生性残忍刻薄,从他以帝王之术去向秦孝公进说来看,就不是他的真心本意。他还靠嬖臣引荐,待他受到重用后,施刑于公子虔,欺诈魏将公子卬,不听从赵良的劝告,这些都足以显示他的少恩薄情。从商君的《开塞》《耕战》等篇来看,真可谓文如其人,有其人而有其事,他终于在秦国受了叛逆的恶名,这不是没有缘故的啊!

司马迁对商鞅的评价也不是全对。商鞅向秦孝公进策,二易其道,实在是不得已的试探,也只有像他这样灵活而善变通之人才能得到秦孝公的赏识,有施展才能的机会。至于因嬖臣而见秦孝公，充其量也只能说他会找门路、善于投机。司马迁既肯定商鞅"能明其术，强霸孝公"，但如果没有景监的引见和他与秦孝公之间的调适，恐怕是难以成功的。

要了解"刻薄""少恩"的意思，我们可以再看《史记》中的其他一些例子。在《老子韩非列传》之末，司马迁说："韩子引绳墨，切事情，明是非，其极惨礉少恩。"另一位和商鞅有类似业绩的人物吴起，司马迁也说他"刻暴少恩"。在汉代的人物中，有一位晁错，司马迁说他"为人峭直刻深"。司马迁说商鞅"刻薄""少恩"，奠定了后人对商鞅为人评论的基调。在《盐铁论·非鞅》中，参加盐铁会议的文学谓商鞅"无恩于百姓，无信于诸侯"。北宋时司马光仍有"而商君尤称刻薄"之言，见于《资治通鉴·周纪二》。

当然，商鞅的确是一个冷酷的人。他主张以峻法严刑实行统治，毫不留情，而且还要"重刑轻罪"。他的很多言论是充满血腥味的。他"临渭论囚"，大开杀戒。但是，也不等于商鞅这样做一点道理也没有。韩非子已经指出了这一点："商君说秦孝公以变法易俗而明公道，赏告奸，困末作而利本事。当此之时，秦民习故俗之有罪可以得免，无功可以得尊显也，故轻犯新法。于是犯之者其诛重而必，告之者其赏厚而信。"看来，商鞅行重法，甚至重轻罪，也的确有其不得已的一面。从另一面看，他主张"刑无等级"，这就使往日可以特殊的贵族也一样要受到法律的限制，犯了法也要受惩。公子虔、公孙贾这样一些人，如果在从前，刑罚是不会施及他们的，而商鞅不管那些，他们竟然也受了劓刑、黥刑，这正体现了商鞅"刑无等级"的原则。

三、功利色彩

从商鞅的思想和行事可以看出，他一生的功利色彩是十分明显的。法家功利人生所蕴含的理想，从商鞅的言论中可以清楚地反映出来。商鞅志在富国强兵，通过变法使秦国强大，建立霸业。商鞅又有志于建立一个他心目中的"理想国"，在这个理想国中，法治是国家的基础，依法而治，君臣都以法自觉地规范行为，全国上下都在法的准绳下，兢兢业业，勤耕力战。

法家崇尚实力、权势、法术，而不愿空谈仁义道德。当然，法家所说的功利，首先是指君主的权位和国家的实力，在这个目标和前提下，法家主张"废私立公"。这一点，韩非子说得更清楚："明主之道，必明于公私之分，明法制，去私恩。夫令必行，禁必止，人主之公义也。必行其私，信于朋友，不可为赏劝，不可为罚沮，人臣之私义也。私义行则乱，公义行则治，故公私有分。"商鞅也是言及"公私之分明"的，他认为"君臣释法任私必乱。故立法明分，而不以私害法，则治"(《商君书·修权》)。他还直接提到过"任法去私"。

商鞅等法家人物都是有个人目的的，这不必讳言，但商鞅也有他的公心。如果不是出于功利的目的，当年的公孙鞅不会从卫国跑到魏国，又从魏国跑到秦国。战国时代，像他这样"朝秦暮楚"甚至"周游列国"的士是很多的。蔡泽、刘向都说商鞅"极身无二虑，尽公不顾私"。他明知前途凶险，但仍然不顾一切地坚持变法和强国的事业，显示出一种无畏的献身精神。他和历史上许多人物一样，能够置个人安危于不顾，而一心致力于他所从事的事业。

在商鞅败亡前大约半年，秦国贵族赵良去见商鞅，对他分析形势，陈说利害，劝说他急流勇退，明哲保身。赵良已经预见到"秦王一旦捐宾客而不立朝"商鞅将会面临生死考验，对他提出了警告，但是他根本听不进去。显然，他是一条路走到底不回头了。从商鞅一生的事业上，可以看出功利主义人生的典型特征。然而，到底是秦文化影响了商鞅，还是商鞅影响了秦文化？对于这个问题，是不容易回答的。

第十三章 后世影响

四、重实轻文

商鞅本人是个文人,这是毫无疑问的。但是非常奇特的是,他的言论中充满了反对文化的说辞,他十分偏执地主张和要求重实。在政治上,他要求简易,反对"多官众吏",反对"治烦",赞赏"治省"(见《商君书·靳令》),提倡"夜治""家断"(见《商君书·说民》)。他经常讲的识"要"、重"壹",也是力求让治国的根本方针简要明确。他对民的基本分析是"古之民朴以厚,今时民巧以伪"(《商君书·开塞》),他的法治和重刑都是因之而生的对策。他为秦国所设计的民众,是身体健壮的人,他们只需要从事耕、战这两项事情,不需要学习,不需要人际交流,更不需要社会活动。

商鞅对统治阶级的要求是"国之大臣诸大夫,博闻、辩慧、游居之事,皆无得为"(《商君书·垦令》)。他认为"豪杰"都去学习《诗》《书》,并由此而得到官爵,则"其国必削"(《商君书·农战》)。他看到政策的导向作用,"农战之民千人,而有《诗》《书》辩慧者一人焉,千人者皆怠于农战矣"(《商君书·农战》)。"上以功劳与,则民战;上以《诗》《书》与,则民学问。"(《商君书·君臣》)因此,他要求"尊农战之士,而下辩说技艺之民，而贱游学之人也"（《商君书·壹言》）。

在文化方面，商鞅主张"声服无通于百县"。不允许有靡靡之音，也不允许有奇装异服。他所要营造的氛围是人人只知勤耕力战，全国上下紧张有序。他提倡的是一个"朴"字。在《商君书》中只有一个地方说到音乐："是以人主外匡床之上，听丝竹之声，而天下治。"（《商君书·画策》）

商鞅把礼、乐、《诗》、《书》、善、修、孝、弟（悌）、廉、辩这十者联系在一起，"国有十者，上无使战，必削至亡；国无十者，上有使战，必兴至王"（《商君书·去强》）。又有所谓"六虱"：即礼乐，《诗》《书》，修善、孝悌、诚信、贞廉、仁义，非兵、羞战。他还提出了"礼乐虱害"，认为国有礼乐虱官必削。他要君主懂得："好言之不可以强兵辟土。"（《商君书·农战》）"故事《诗》《书》谈说之士，则民游而轻其君。"（《商君书·算地》）他猛烈抨击"学者成俗，则民舍农从事于谈说，高言伪议"的现象，通读《商君书》，不难发现，商鞅最痛恨的就是"巧言虚道""烦言饰辞""高言伪议"。"辩慧，乱之赞也；礼乐，淫泆之徵也"（《商君书·说民》），"民释实事而诵虚词，则力少而非多"（《商君书·慎法》），这都是商鞅重实轻文的宣言。

第十三章　后世影响

商鞅奖励告密，贬低道德，喜行诈术，崇尚刑杀。韩非说他"燔《诗》《书》而明法令"，"明法令"是肯定的，而"燔《诗》《书》"则没有其他的史证，但究其行事，也不是全无可能的。这是问题的一方面。但是，我们从另一种"文化"的含义来看，商鞅又是秦文化的重要奠基者。

第十四章
任人评说

商鞅——大秦首屈一指的变法家

一、颇有争议

后世对许多历史人物的评价是有争议的,商鞅也是其中一个。商鞅身前,对自己也有"自我鉴定",但是十分简略,他对赵良说:"始秦戎翟之教,父子无别,同室而居。今我更制其教,而为男女之别,大筑冀阙,营如鲁卫矣。"他不无自得地问赵良:"子观我治秦也,孰与五羖大夫贤?"(《史记·商君列传》)

战国时期,距商鞅不久的蔡泽、韩非等人,都对商鞅有所评价。蔡泽是燕人,入秦在秦昭王末期,他对商鞅变法是持肯定和赞扬态度的。他称道秦因商鞅变法以至于"兵动而地广,兵休而国富,故秦无敌于天下"。韩非子是先秦法家的集大成者,他的思想有很大一部分来自商鞅。韩非子对商鞅的态度也主要是肯定的,他肯定商鞅变法的成功:"孝公行之,主以尊安,国以富强……秦行商君法而富强。"司马迁在《史记·商君列传》中详细记述了商鞅变法的内容,也特别注重记载变法的成效。从"行之十年,秦民大说,道不拾遗,山无盗贼,家给人足。民勇于

第十四章 任人评说

公战,怯于私斗,乡邑大治"这样的记载来分析,不难得出司马迁对商鞅变法成功的欣慰心情。对于商鞅第二次改革的成效,司马迁也予以足够的肯定:"居五年,秦人富强,天子致胙於孝公,诸侯毕贺。"司马迁本着进步的历史观,使他能够对商鞅变法作出比较客观而合于历史理性的评价。

此后,在西汉昭帝时期召开的盐铁会议上,御史大夫桑弘羊和贤良、文学等儒生展开了激烈的论争,其中也涉及对商鞅及其变法的评价,遂有"非鞅""是鞅"之争。桑弘羊对商鞅是充分肯定并充满敬意的。贤良、文学则否定商鞅,称他为"小人",还对他的惨遭杀害幸灾乐祸。桑弘羊说:"夫商君起布衣,自魏入秦,期年而相之,革法明教,而秦人大治。故兵动而割地,兵休而国富。孝公大说,封之於、商安之地方五百里,功如丘山,名传后世。"文学则认为:"今商鞅弃道而用权,废德而任力,峭法盛刑,以虐戾为俗,欺旧交以为功,刑公族以立威,无恩于百姓,无信于诸侯,人与之为怨,家与之为雠,虽以获功见封,犹食毒肉愉饱而罹其咎也。"

对盐铁会议讨论进行整理的西汉人桓宽,则是明显倾向于否定商鞅的,故在《盐铁论》中专有一篇以《非鞅》为题,其实该篇是以论辩双方针锋相对的"是鞅"与"非鞅"为主要内容的。

西汉贾谊在《过秦论》中肯定商鞅使秦国强大的功业。东汉班固在《汉书》中把从远古到秦代的历史人物从"上上"至"下下"划分为九等,商鞅列在"中上",仅次于"上上"的"圣人"、"上中"的"仁人"和"上下"的"智人"。与商鞅同等的还有秦穆公、由余、蹇叔、孟明视等秦朝历史上的著名人物,还有战国年间的魏文侯、白圭、邹忌、孙膑、燕昭王、毛遂、韩非子等著名人物,这说明班固对商鞅的评价不算低。东汉王充在《论衡》中不止一次地提及商鞅及其业绩:"商鞅相孝公,为秦开帝业","管仲、晏婴,功书并作;商鞅、虞卿,篇治俱为",这些都是对商鞅的肯定之辞。唐代杜佑在他的《通典》中也说:"秦孝公任商鞅……数年之间,国富兵强,天下无敌。"

历史上也有很多人不满甚至激烈抨击商鞅,如北宋苏轼就对商鞅不遗余力地进行攻击。他对司马迁所论"商鞅用于秦,变法定令,行之十年,秦民大悦,道不拾遗,山无盗贼,家给人足,民勇于公战,怯于私斗"极不满意,认为"此皆战国之游士邪说诡论,而司马迁暗于大道,取以为史",把这看成是司马迁的"大罪"。他的看法是:"秦固天下之强国,而孝公亦有志之君也,修其政刑十年,不为声色畋游之所败,虽微商鞅,有不富强乎?秦之所以富强者,孝公务本力穑之效,非鞅流血刻骨之功也。而

第十四章 任人评说

秦之所以见疾于民,如豺虎毒药,一夫作难,而子孙无遗种,则鞅实使之。"苏轼否定商鞅的功绩和变法的成效,认为没有商鞅,秦国也能够富强。秦之富强,没有商鞅之功;而秦之灭亡,却是由于商鞅的过错。

南宋叶适在《习学记言》中认为"商鞅变法,大事也,迁不加疏别,浅深无次,而学者亦考之不详",对司马迁的《史记·商君列传》予以批评,他又对商鞅变法作了否定的评价:"卫鞅相秦,天下灭亡之始也……及鞅入相于秦,尽坏帝王法程,挈关中而强诸夏,天下之势,始偏重于一隅。山东诸侯,亦各自弃其国守,典章法度无一存者,朝从暮横,第与秦相轩轾而已,故鞅虽见杀于秦,不百年而天下为秦矣。"因此他得出结论说:"非卫鞅破坏王制,无以为暴秦一天下之资。"叶适也指出了商鞅变法对后世的影响:"盖其禁民巧,察民专,沈鸷果敢,一施于上下而私其便于国,故虽杀其身,卒不能废其法,数百年而禁制成,秦已亡而犹不可变。凡行于后世者,增损厚薄微有不同,大抵皆鞅之遗术也,何独彼之非乎!"商鞅虽死而其法不废,后世多法商鞅之遗术,这都是他的深刻见解。

也许,商鞅本人早已预见了像他这样的人会遭后世的非议,他说过:"有高人之行者,固见负于世;有独知之虑者,必见骜于民。"就商鞅本人而言，我们要看的就是他的业绩，他在历史上的作为，他为历史提供了什么新的东西。毫无疑问，商鞅是一个对历史有重大贡献的杰出人物。他是一位有创新的思想家，他的思想成果集中体现在《商君书》中，为中华民族留下了一份思想遗产。他是一位重实际的政治家，他在近二十年间有效治理秦国，使一个不很强大的国家迅速改变了面貌，开始在战国舞台上发挥举足轻重的作用。他又是一位军事家，既有军事理论，又有成功指挥的战绩。

二、丰富思想

商鞅是一位有"独知之虑"的思想家，他有很多极具创造性的思想。他的思想内容丰富，自成体系，包含商鞅思想成果的《商君书》有其独特的价值，可以说它是中国古代的一个思想宝库。《商君书》的思想，从总体上说，与商鞅的思想是一致的。他不仅提出了富国强兵的切实可行的方案，而且他的许多思想具有长远的价值。商鞅的思想，可以分为政治思想、经济思想、军事思想等几部分。从政治思想来说，商鞅全面探讨了使弱国变强、贫国变富的途径，提出了变法图强的方案。他全力注视的焦点是国家经济实力的增强，这是军事上强大和政治上谋取霸权的

第十四章　任人评说

基本条件。而一个国家要发展成为经济强国,在当时的条件下,发展农业是首要的事情,因此,他始终把农业作为国家头等重要的大事来紧抓不舍。

在政治思想方面,商鞅与先秦其他思想家相比更有特色的是他的法治理论。商鞅是一位真正的法家,他主张依法治国,国家的全部事务、政策都要有法律依据,都要从法律出发。虽然他有时也用阴谋,也在事实上奉行"术"和"势"这一类与"法"本不相同的东西,但从总体上看,他是坚持法治的。他提出的"官无邪,则民不敖""官属少,征不烦;民不劳,则农多日"等观点,都与古代社会普遍性问题相关,目的在于建立较为稳定的政治秩序,减轻农民的负担,保证农业生产的基本条件。商鞅所思考的这些基本问题一直具有重要意义。"官无邪""征不烦""农多日"这几条,一直是农民的基本愿望,也是历代有作为的政治家所致力追求的。

商鞅一方面主张集权,加强国家的控制和实力;另一方面又主张发挥从基层政权到民众家庭各个层次的积极性,"治不听君,民不从官",主张"事断于家"(《商君书·说民》),这些都对中国的社会结构和政治模式有着深远的影响。

商鞅的经济思想中,核心内容是重农、以农为本。他从多方面论证、思考政策和策略,以达到让"壮民疾农不变"和"草必垦"的目的。他提出了"夫地大而不垦者与无地同"(《商君书·算地》)和尽量做到"地少粟多"(《商君书·慎法》)的农业经济思想。前者在《管子》一书中也有类似的表达:"地大而不耕,非其地也""地之不辟者非吾地也",但商鞅完全有可能独立得出这样的思想,这表明他已认识到土地作为自然资源的利用价值和开发程度有着对应关系。在农业经济条件下,土地必须开发利用,使之能够生产出粮食和其他农产品,这才是土地价值的真正实现。"地少粟多"思想则说明他已经触及农业生产的经济效益问题。地多可以粟多,地少也可以粟多,虽然在《商君书》中对此没有作出详细论述,但其意自明,也就是地少但可以多垦、高产,在较少的土地上生产出较多的粮食。商鞅还提出了国土规划的思想。在《商君书·算地》中,有"故为国任地者,山林居什一,薮泽居什一,溪谷流水居什一,都邑蹊道居什四,此先王之正律也"的言论,通过规划,应达到"垦田足以食其民,都邑遂路足以处其民,山林、薮泽、溪谷足以供其利,薮泽堤防足以畜"的目的。可见,他的国土规划思想考虑是很全面的,能从经济发展、人民生活、交通方便、资源保护等各方面来加以综合安排。

第十四章 任人评说

商鞅的"治国之举,贵令贫者富,富者贫。贫者富,国强;富者贫,三官无虱"(《商君书·说民》)是一个真正把经济和政治结合在一起来考虑,并从此出发设计出国家通过对社会成员经济地位的变更而获得最大利益的方案。"贫者富,富者贫"并不是"均贫富",而是让原来贫的富、让原来富的贫,这种社会成员经济地位经常性的变更,正是商鞅以后中国古代社会的一大特色。正是从这样一个看起来很简单的思想出发,商鞅确定了奖励耕战的政策,以此来集中秦国全体社会成员的力量。

在商鞅的经济思想中,还对价格和税收对经济的杠杆作用有较深的认识:"欲农富其国者,境内之食必贵……食贵则田者利,田者利则事者众。"(《商君书·外内》)这就是要用价格来调节社会劳动力分配。他看到酒肉之价贵,商人的利润就高,会影响农民的积极性,于是就采取提高酒肉价格、增加饮食业税收的政策措施。商鞅还特别看重对粮食的贸易管制,禁止商人从事粮食经营,甚至还禁止民间的粮食交易,他的目的除了限制商人的利润外,主要还是使人明白不从事农业生产就无法得到粮食,无法生存。

"边利尽归于兵,市利尽归于农"(《商君书·外内》),这是商鞅关于利益社会分配的一个十分精明的思想和方案。在他看来，统治者一定要开明，不要把利益都垄断了，而要让直接生产者和战斗者得到劳动和奋斗的实利。"边利"和"市利"尽归于士兵、农民，那么国家呢？"出战而强，入休而富"（《商君书·外内》）就是国家的利益。他所说的"是以圣人苟可以强国，不法其故，苟可以利民，不循其礼"（《商君书·更法》），其实提出了实践和理念的关系问题，表达出了类似于"一切从实际出发"等深刻的思想。

商鞅的思想中包含不少辩证法思想的精华。尽管"以战去战"使人震悚，"以刑去刑"使人憎恶，但这些思想都是符合辩证法的。在《商君书》中，无数次谈到国家的强弱变化。他有许多类似"治大，国小；治小，国大"（《商君书·去强》）的表述，也是耐人寻味的。

《商君书》也反映了商鞅的历史观，他已具有历史进化论的思想萌芽。在《商君书·画策》中，他把之前的历史分为"昊英之世""黄帝之世""神农之世"等几个阶段。因为社会出现了"以强胜弱、以众暴寡"的现象，"故黄帝作为君臣上下之义，父子兄弟之礼，夫妇妃匹之合，内行刀锯，外用甲兵"。他正是如此试图说明国家、君主、暴力、法律等产生的过程和原因。

在肯定商鞅的思想中有许多有价值的成分的同时，也必须注意,他的思想中有很多自相矛盾之处。比如商鞅只看到农业是生产部门,认为只有耕战才能强国,而认为商业、手工业与农业是对立的和相互排斥的。因此,他在论证"草必垦"即促使农业发展的各项措施时,把对工商业的抑制放在最重要的地位来考虑。

三、智者霸道

商鞅自认为是有"高人之行""独知之虑"的智者。他自视甚高,是很瞧不起"愚者"的。商鞅、韩非子、李斯等法家的代表人物都是知识分子,同时又都是使劲对付知识分子的"狂徒"。他们认为只知耕战的农民、战士最可信任,其次是唯法是从的吏,而有思想、有头脑的知识分子就是危险人物了。

商鞅青年时代就从卫国到魏国,当了魏国重要人物的家臣。后来他又西行入秦,向秦孝公进言献策。可就是这样一个人,他在秦国实行的政策,却是坚决地反对和禁绝游说,不让文人学士以言干政、以论取官。他极力要防范的是什么人呢?其中主要是"辟淫游惰之民"(《商君书·垦令》),韩非子说他"禁游宦之民,而显耕战之士"。商鞅把那些不以农战,而以"巧言虚道"求官爵者都视为危险分子。在《商君书·农战》中他表现出对于世主

"强听说者"的极其忧虑和不满:"说者成伍,烦言饰辞,而无实用。"他要堵塞"淫道"。什么是"淫道"呢?"为辩知者贵,游宦者任,文学私名显之谓也。"(《商君书·外内》)他那么强调"壹",也是有险恶用心的。他所说的"壹"就是兼并一切与他的政策要求相异的人和事,他要用"壹"来消除一切在他看来是富国强兵的事业所不需要的人。本来是战国时代一介"游宦之民"的商鞅,或许最清楚自己这一类人的动机、目的和手段。因此,他能够掌握对付这类人最有效的办法。

四、改革兴邦

商鞅是中国历史上最负盛名的改革家。虽然战国时期的主要诸侯国都进行过变法,但只有商鞅的改革最彻底、最成功。《论衡·效力篇》说:"六国之时,贤才之臣,入楚楚重,出齐齐轻,为赵赵完,畔魏魏伤。"商鞅,是战国时期最杰出的一位"贤才之臣"。《吕氏春秋·赞能》说:"得地千里,不若得一圣人。"秦公之得商鞅,就是得了这样一位"圣人"。所谓"秦用天下之才以致天下",此言甚是。其实,战国时期涌现了很多人才,探究商鞅获得成功的原因,除了客观条件外,最主要的是商鞅的思想和治国方案最切实、开展的变法最务实,因而他能取得成功。商

第十四章 任人评说

鞅对中国历史的影响非常深远，主要有以下几方面：

其一，商鞅进一步确定了"以农为本"的国策。商鞅变法的基本政策和基本目标是耕战兴国，而"耕"更是"战"的基础，这是对国情的正确反映。

其二，商鞅变法，在中国主要地区确立了土地私有制度。土地，是一项自然资源，也是一个基本的生产要素，作为生产资料和社会财富，它有特殊性。在商鞅变法后，社会成员可以占有土地，而且"民得卖买"。自战国时期以来，国家一般是允许私人占有土地，承认这种占有权的，但有时对土地的私人占有实行一定的限制，而占有土地的个人（其中有地主，也有小土地所有者，主要是个体经营的自耕农民）则对国家有各种义务，其中交纳土地税是最基本的。

其三，商鞅变法，确立了中央集权的专制主义统治。当然，商鞅所处的时代，所谓"中央"仅限于秦国范围之内，到秦始皇灭六国而统一，"中央"就是对全中国而言了。中央集权，就是国家大权集于中央政府，具体来说是由国君掌握。中央制定统一的政策，地方政府必须服从，地方设郡、县等层级，地方机构的主要官员由中央任免，任意调配。商鞅主张实行君臣共同遵守法律并受其约束的法制统治。

其四，商鞅变法在秦国采取了一系列强化统治、加强控制的措施，成为后世统治的范式。商鞅设计的"什伍连坐""告讦""事断于家"等项制度，要求社会成员无条件地服从，在这样一个基本的前提下，国家以法律，更多是法外来约束民众。

其五，商鞅破除了部分长期实行的世袭贵族的特权，而代之以新的充满激励机制的动态的等级制度。原来是"贵者恒贵，贱者恒贱"，这使少数人安享尊荣，而社会缺乏活力。商鞅重视国家政权的导向作用，实行奖励耕战的政策，让"贫者富，富者贫"，有军功者、生产粟帛多者，可以晋升爵位，获得土地、奴隶，成为社会上享有尊荣的人，而往日的贵族，如无新的功劳，就会地位下降，无所特殊。在这样一种机制下，秦人勤耕力战，尽其全力，迸发出极大的积极性。商鞅通过政策，把全国绝大多数人的力量集中起来。这股力量是极其强大的，是当时六国所不具备的。正是依靠这一无敌的力量，秦国走向了富强。

当然，商鞅身后名声不佳，对他的骂声甚至超过了赞扬之声。作为改革家的商鞅，留给后人最宝贵的遗产是什么？是不怕艰难、不畏阻力、坚持改革、矢志不渝的精神。这是任何一位改

第十四章 任人评说

革家都必须具备的精神,没有这种精神,根本无法把改革进行到底;有了这种精神,才有可能担负起历史赋予的机遇和重任,在史册上书写一曲高昂的奋发有为之歌。

附 录

商鞅年表

约秦惠公十年（前390），商鞅出生。

秦献公四年（前381），秦孝公出生。

秦献公二十四年（前361），秦孝公即位。

秦孝公元年（前361），公叔痤向魏惠王荐商鞅。

秦孝公六年（前356），秦孝公任命商鞅为左庶长。第一次商鞅变法开始。

秦孝公七年（前355），秦孝公与魏惠王在杜平会盟。

秦孝公八年（前354），秦与魏战于元里。

秦孝公十二年（前350），秦国与魏国再次结为盟友。第二次商鞅变法开始。秦迁都咸阳。

秦孝公十八年（前344），商鞅铸标准铜升，魏惠王逢泽称王。

附 录

秦孝公二十一年（前341），"马陵之战"爆发。

秦孝公二十二年（前340），商鞅诈取公子卬。

秦孝公二十四年（前338），秦孝公去世，秦惠王即位。商鞅被秦惠王所杀。

主要官名注释

中庶子：战国时各国国君、太子、相国的侍从之臣。

彻侯：爵名。秦二十等爵制最高一级。

司空：官名。战国时都、邑、县置，称"都司空""县司空"等，掌领工徒。三公之一。

庶长：官名。春秋秦置，掌军政大权，相当于其他各国的卿。爵名，战国秦置，意为众列之长。秦二十等爵制第十级至第十八级与卿相当。十级左庶长，十一级右庶长。

大夫：古代在国君之下有卿、大夫、士三级，大夫为一般任官职者之称。战国秦至汉代实行二十等爵，大夫为第五级。此外有官大夫、公大夫等。

郎中令：官名。秦始置，为郎中长官，掌宫廷戍卫，侍从皇帝左右，职甚亲重。

大良造：亦称"大上造"。爵名。战国秦二十等爵制第十六级。自惠王设相国执掌军政大权后，多用作爵名。汉代沿用。

主要官名注释

太仆：官名。亦称"大仆""大仆正""太仆正"。西周置，《周礼》夏官司马属官。掌供天子舆马，传达王命。秦、汉沿置，位列九卿，掌皇帝舆马及马政，秩中二千石。

里正：古时乡官。《公羊传·宣公十五年》："什一行而颂声作矣。"何休注："一里八十户……其有辩护伉健者，为里正。"辩护，谓能办事。后代多设里正，但制度各有不同。

太傅：官名。指太子太傅，掌辅导太子。

内史：官名。秦始置，掌治京畿地方，相当于后世的京兆尹。

治粟内史：官名。秦始置，《汉书·百官公卿表上》："秦官，掌谷货，有两丞。"秩中二千石。

县令：县的行政长官。秦、汉时，人口万户以上的县称"令"、万户以下的称"长"。

县丞：官名。秦、汉于诸县置丞，以佐令长。

县尉：官名。战国始设，为县之佐官，掌一县军事。秦、汉沿置，大县二人，小县一人，秩四百石至二百石。由朝廷任命，职掌军事、治安事宜，主要属吏有尉史、尉从佐等。历代所置略同。

官大夫：位处秦、汉二十等爵制的第六级。

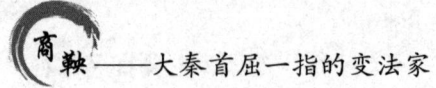

国尉：战国时秦武官名。

廷尉：官名。秦始置。汉景帝时改称"大理"，武帝时复称"廷尉"。掌刑狱，位列九卿，为最高司法机构长官，秩中二千石。属官有正、监、平，皆为司法官。

后 记

经历一个漫长的酝酿期,当我开始书写商鞅的时候,已经抑制不住内心的汹涌澎湃。商鞅之智,宛若破晓之光,照亮秦国幽暗之路;其贡献,恰似春风化雨,滋养着秦国的每一寸土地,使之繁花似锦,生机盎然。他以法为笔,勾勒出一个强大王朝的轮廓,让历史的长河因他而泛起层层波澜,熠熠生辉。

此书的完成,首先要感谢编辑赵维宁,他孜孜不倦地轻言敦促,让我有无穷的动力。再者,感谢爱人刘维贵、女儿刘艺菲,感谢你们对我的鼓励和支持。因为有你们陪伴,我在写作的道路上不曾感到孤寂。最后,感谢一下自己,为了心中的目标,心无旁骛,终成此书,向辛勤努力的自己致敬!

由于笔者水平有限,书中有不当之处,敬请读者批评指正!

刘叶青

2024 年 12 月